Cornelia Schinharl

Mit Mikrowelle:
Köstliche
Gemüse-Gerichte

Reizvolle Rezepte für alle Mikrowellen-
und Mikrowellen-Kombinationsgeräte

Mit praktischem Rat
und vielen Tips für leichtes Gelingen

GU Gräfe
und
Unzer

Umschlag-Vorderseite:
Ganz leicht können Sie das Zucchini-Tomaten-Gemüse von Seite 49 in ein Gratin verwandeln. Nehmen Sie 2 Tomaten mehr, statt Thymian Basilikum und streuen Sie grob geraspelten Emmentaler über das Gemüse. Mit Mikrowellenleistung 600 Watt 5 Minuten garen.
2. Umschlagseite:
Das Rezept für überbackene Austernpilze finden Sie auf Seite 11.

Cornelia Schinharl

lebt in München und interessierte sich schon immer für das Thema Kochen. Nach ihrem Sprachenstudium wandte sie sich schließlich auch beruflich dem Bereich Ernährung zu. Durch die Arbeit bei einer Food-Journalistin eignete sie sich umfangreiche Kenntnisse an. In Kursen und Seminaren informiert sie sich laufend über die Mikrowellentechnik. Seit 1985 ist sie als Redakteurin und Autorin selbständig tätig.

CIP-Titelaufnahme der Deutschen Bibliothek

Schinharl, Cornelia:
Mit Mikrowelle: köstliche Gemüse-Gerichte: reizvolle Rezepte für alle Mikrowellen- und Mikrowellen-Kombinationsgeräte; mit vielen Tips für leichtes Gelingen / Cornelia Schinharl.
- 2. Aufl. - München: Gräfe u. Unzer, 1989
(GU-Küchen-Ratgeber)
ISBN 3-7742-5062-6

2. Auflage 1989
© Gräfe und Unzer GmbH, München
Alle Rechte vorbehalten. Nachdruck, auch auszugsweise, sowie Verbreitung durch Film, Funk und Fernsehen, durch fotomechanische Wiedergabe, Tonträger und Datenverarbeitungssysteme jeglicher Art nur mit schriftlicher Genehmigung des Verlages.

Redaktion: Nina Andres
Lektorat: Dr. Stephanie v. Werz-Kovacs
Herstellung: Robert Gigler
Farbfotos: Fotostudio Teubner
Zeichnungen: Gerlind Bruhn
Umschlaggestaltung: Heinz Kraxenberger
Satz und Umbruch: DTP-Studio v. Sohlern
Druck: Appl, Wemding
Reproduktionen: Brend'amour, Simhart & Co.
Bindung: R. Oldenbourg
ISBN 3-7742-5062-6

Wichtiger Warnhinweis

Bevor Sie Ihr Mikrowellengerät in Betrieb nehmen, sollten Sie sich gründlich anhand der Gebrauchsanleitung damit vertraut machen. Bitte lesen Sie außerdem auch die Angaben auf den theoretischen Seiten dieses Buches. Zu beachten ist besonders, daß es beim Erhitzen von Flüssigkeiten zu einem Siedeverzug kommen kann, das heißt, daß die Flüssigkeit erst zu brodeln anfängt, wenn das Gefäß aus dem Gerät genommen wird (Verbrennungsgefahr!). Deshalb die Flüssigkeit am besten nach der angegebenen Garzeit im Gerät noch ein wenig abkühlen lassen, oder mit einem Glasstäbchen im Gefäß erhitzen (das sorgt für eine gleichmäßige Erwärmung). Wenn Sie Fragen haben und trotz aller Hinweise unsicher sind, wenden Sie sich am besten an die Beratungszentren Ihres Energieversorgungsunternehmens, an die Verbraucherzentrale in Ihrer Stadt oder an den Hersteller. Neue Geräte sind gesundheitlich unbedenklich. Es ist jedoch empfehlenswert, sie nach einiger Zeit auf Strahlendichtigkeit hin untersuchen zu lassen. Fragen Sie Ihren Fachhändler.

Sie finden in diesem Buch

Ein Wort zuvor

Mit Mikrowellen richtig kochen – und nicht mehr nur auftauen und erwärmen – ist vielen von uns noch wenig vertraut. Gleich nach den ersten Versuchen mit der »schnellen Welle« werden Sie feststellen, daß Ihr Mikrowellengerät beim Garen gute Dienste leistet. Neben der Zeitersparnis erzielen sie oft auch bessere kulinarische Ergebnisse, als mit einer traditionellen Garmethode. Gemüse ist dafür ein ausgezeichnetes Beispiel. Es wird auf schonende Weise in sehr wenig Wasser oder Fett gegart; sein Eigenaroma bleibt erhalten und das Gemüse kann nicht verkochen. Manche Gerichte, die auf herkömmliche Art schwierig zuzubereiten sind, gelingen im Mikrowellengerät ganz einfach und schnell. Die feinen Pilzklößchen, die im Wasser leicht zerkochen würden, sind jetzt – einfach auf einem Teller angeordnet – in wenigen Minuten servierfertig. Ein weiterer großer Vorteil: Sie bereiten die Gerichte gleich im Serviergeschirr zu. Die Gerichte in diesem Küchen-Ratgeber sind größtenteils ganz einfach zuzubereiten. Auch denjenigen, die mit der neuen Technik wenig Erfahrung haben, wird alles leicht gelingen. Ich habe außerdem darauf geachtet, daß nicht zu viele Arbeitsschritte nötig sind. Sie müssen das Gericht also nicht immer wieder aus dem Gerät nehmen, um eine neue Zutat hinzuzufügen. Die Zubereitung von Gerichten, die etwas schwieriger sind, sehen Sie in Schritt-für-Schritt-Abbildungen. Zahlreiche Tips und informative Zeichnungen rund um den Umgang mit Gemüse und die Mikrowellentechnik erleichtern zudem die Anwendung der neuen Garmethode.
Im Rezeptteil dieses Buches finden Sie feine Vorspeisen, köstliche Suppen, Hauptgerichte mit Fleisch und Geflügel sowie vegetarische Gerichte. Auch Gemüse als Beilage darf in einem Buch zum Thema »Gemüse« nicht fehlen. Die schnellen Beilagenrezepte lassen sich ganz einfach in ein Hauptgericht verwandeln. Entweder garen Sie fein geschnittenes Fleisch mit oder Sie essen das Gemüse mit Kartoffeln, Reis oder Nudeln als vegetarische Mahlzeit. Die meisten der Rezepte sind für Mikrowellen-Sologeräte entwickelt. Einige gelingen in einem Kombinationsgerät besser. Dies ist dann immer über dem Rezept vermerkt.
Die Garzeiten der Gerichte sind nicht auf die Minute verbindlich. Wie bei jedem normalen Backofen gibt es auch bei Mikrowellengeräten – selbst dann, wenn sie die gleiche Wattleistung haben – große Unterschiede. Wählen Sie deshalb besser zuerst eine etwas kürzere Zeit und garen das Gericht eventuell nach. In jedem Fall sollten Sie sich auch, bevor Sie Ihr Gerät in Betrieb nehmen, mit der Gebrauchsanweisung vertraut machen. Dadurch vermeiden Sie Fehler und ersparen sich das lästige Nachblättern, während Sie gerade kochen. Eine kurze Einführung in diesem Buch informiert Sie zusätzlich über den Umgang mit der neuen Technik. Zum guten Schluß finden Sie außerdem einige wichtige Tabellen. Sie können damit die Garzeiten umrechnen, wenn Ihr Gerät eine andere Wattleistung als die in meinem Ratgeber angegebene hat, und außerdem die Zeiten für das Auftauen, Erwärmen und Garen von Gemüse ermitteln.
Wie vielfältig Sie Gemüse im Mikrowellengerät zubereiten können, beweisen schon die brillanten Farbfotos in diesem Buch. Lassen Sie sich von diesen Fotos und den Rezepten in diesem praktischen GU-Küchen-Ratgeber auch einmal zu eigenen Kreationen anregen. Und nun viel Spaß beim Kochen mit Mikrowellen und guten Appetit!

Ihre Cornelia Schinharl

Rund um die Mikrowellen

Mikrowellen und ihre Funktion

Mikrowellen sind – ähnlich den Fernseh- und Radiowellen – elektromagnetische Wellen mit einer Frequenz von 2450 Megahertz. Die Wellen erreichen eine Länge von etwa 12,25 cm.
Im Gegensatz zum »herkömmlichen« Kochen, bei dem die Wärme über den erhitzten Topf an das Lebensmittel gelangt, dringen die Mikrowellen beim Garen, Erwärmen oder Auftauen direkt in das Gargut ein. Die Mikrowellen versetzen die Wasser-, Fett- und Zuckermoleküle in Schwingung. Dadurch reiben die Moleküle aneinander und erzeugen so die Wärme, die zum Garen oder Erwärmen erforderlich ist. Da hauptsächlich die Wassermoleküle in Bewegung geraten, eignen sich vor allem feuchte Lebensmittel oder Gerichte mit vielen wasserhaltigen Zutaten für diese Zubereitungsart. Bei Gemüse ist es deshalb besonders wichtig, daß es frisch ist: Je länger es gelagert wird, desto mehr Flüssigkeit verliert es.
Im Mikrowellengerät erwärmt sich das Kochgefäß nicht durch die Mikrowellen, sondern nur durch die Hitze des Lebensmittels. Trotzdem sollten Sie das Kochgeschirr immer mit Topflappen aus dem Gerät nehmen. Bei einem Mikrowellen-Sologerät bleibt außerdem der Garraum kalt.

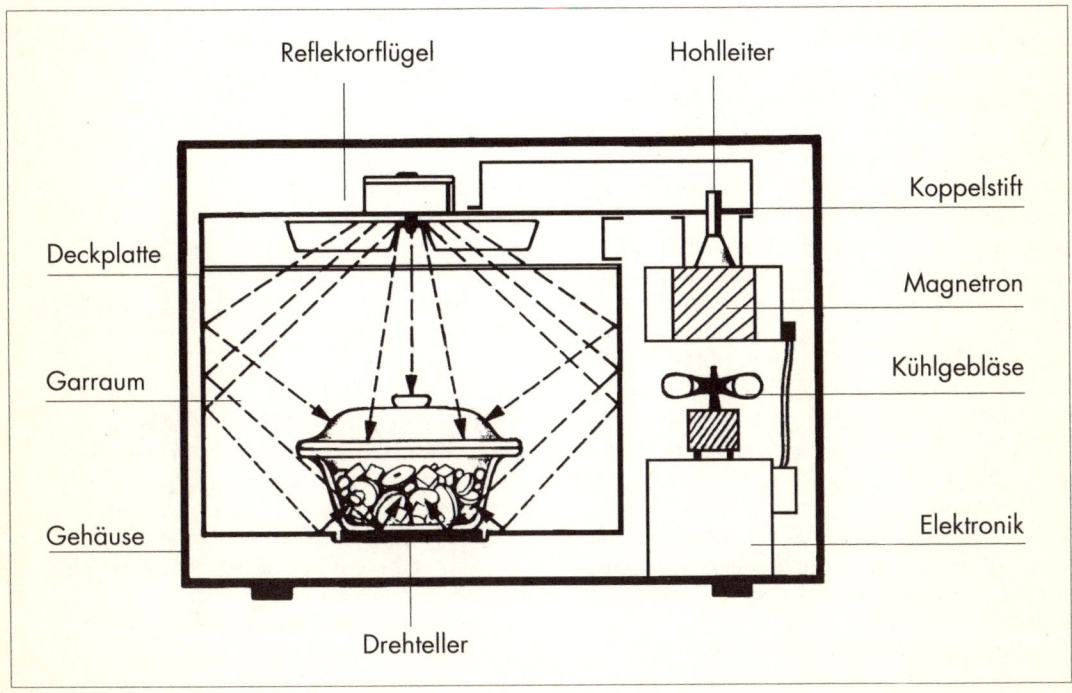

Reflektorflügel · Hohlleiter · Koppelstift · Deckplatte · Magnetron · Garraum · Kühlgebläse · Gehäuse · Elektronik · Drehteller

Die verschiedenen Mikrowellengeräte

Der wichtigste Teil aller Geräte ist das Magnetron, in dem Strom in Mikrowellenenergie umgewandelt wird. Durch einen sogenannten Hohlleiter gelangen die Mikrowellen in den Garraum, wo sie auf das Gargut treffen. Damit die Wellen gleichmäßig verteilt werden, ist der Hohlleiter in Form eines sich drehenden »Propellers« oder einer Antennenscheibe, die sich ebenfalls dreht, im Gerät angebracht. Andere Modelle haben einen Drehteller im Gerät, auf dem das Gericht gedreht wird.

Sie sollten das Gargeschirr nicht in die Mitte, sondern an den Rand des Drehtellers stellen, da in die Mitte am wenigsten Energie gelangt. Mikrowellengeräte haben außerdem verschieden hohe Leistungsstufen. Zwei Stufen – die volle Leistung zum Garen und Erwärmen und eine reduzierte Leistung zum Auftauen von Gefriergut – haben alle Modelle. Die hohe Leistung schwankt zwischen 400 und 750 Watt, die Auftaustufe zwischen 70 und 180 Watt. Viele Geräte haben zusätzlich weitere Leistungsstufen von beispielsweise 360 oder 490 Watt, die zum Garen empfindlicher Lebensmittel oder für längere Garzeiten konzipiert sind. So wäre ein großer Braten beim Garen mit voller Leistungsstufe außen bereits durch, innen aber noch roh. Manche Geräte sind stufenlos einstellbar. Wenn Ihr Gerät die Leistungsstufe, die im Rezept genannt ist, nicht hat, wählen Sie die Leistung, die der Angabe am nächsten kommt. Immer beliebter werden Geräte, bei denen man zur reinen Mikrowellenleistung noch Ober- und Unterhitze oder Umluft und Grill zuschalten kann. Dadurch wird der »Nachteil« der Mikrowellen – nämlich, daß die Gerichte nicht knusprig braun werden – ausgeglichen. Manche dieser Geräte haben fest eingegebene Programme. Die Zusammenstellung dieser Programme ist in der Gebrauchsanweisung meist nicht erwähnt. Sie können sie aber direkt beim Hersteller erfahren. Außer diesen Geräten werden inzwischen auch Backöfen angeboten, bei deren Betrieb man Mikrowellen zuschalten kann. Alle Mikrowellengeräte werden beim Hersteller zahlreichen Tests unterzogen, um zu gewährleisten, daß keine oder nur ein Minimum an Mikrowellen nach außen dringen kann.

Das geeignete Geschirr

Für das Mikrowellengerät brauchen Sie kein spezielles Geschirr. Sicherlich haben Sie einige geeignete Schalen, Schüsseln oder Formen zu Hause. In der nachfolgenden Übersicht können Sie nachlesen, ob Ihr Geschirr geeignet ist.

Geschirrtest
Ob Sie Ihr Geschirr für das Garen im Mikrowellengerät verwenden können, läßt sich ganz leicht feststellen. Das Geschirr bei voller Leistung etwa ½ Minute in das Gerät stellen. Bleibt es kalt oder erwärmt es sich nur leicht, ist es geeignet.

Alufolien und -behälter, Metall
Geschlossene Gefäße und Behälter aus Alufolie und Metall sind zum Garen oder Erwärmen im Mikrowellengerät nicht geeignet, da das Metall die Mikrowellen reflektiert. Eine Ausnahme bilden flache Aluminiumschalen – beispielsweise von Fertiggerichten –, die ohne Deckel für den Betrieb im Mikrowellengerät geeignet sind. In Kombinationsgeräten können

Sie außerdem zum Backen normale Backformen oder auch die Fettpfanne verwenden. Beim Backen erzielen Sie mit Schwarzblech- beziehungsweise schwarz beschichteten Formen bessere Ergebnisse als mit Weißblech oder Glas.

Daß Alufolie die Mikrowellen reflektiert, hat jedoch auch einen Vorteil: Lebensmittel mit unterschiedlich dicken Teilen wie zum Beispiel Geflügel können beim Auftauen und Garen an den dünneren Teilen (Flügel und Keulen) etwa nach der Hälfte der Zeit mit einem Stück Alufolie umwickelt werden. So verhindern Sie, daß die dünneren Teile schneller auftauen oder garen als der Rest. Wichtig: Die Folie darf die Innenwände des Gerätes nicht berühren.

Bratbeutel und Folien
Bratbeutel sind sehr gut zum Garen im Mikrowellengerät geeignet. Die Metallverschlüsse müssen Sie allerdings durch Küchengarn ersetzen. Beim Garen im Kombinationsgerät sind Bratbeutel auch deshalb besonders praktisch, weil das Gerät nicht verschmutzt. Die Beutel wie üblich mit einer Nadel einige Male einstechen, damit der Dampf entweichen kann. Festere Klarsichtfolie können Sie zum Abdecken von Gerichten ebenfalls gut verwenden, wenn Ihr Gefäß keinen Deckel hat. Sie sollte bei längeren Garzeiten ebenfalls eingestochen werden.

Bräunungsgeschirr
Um auch im Mikrowellen-Sologerät eine Kruste zu bekommen, wurde ein Keramikgeschirr mit einer speziellen Metalloxid-Beschichtung entwickelt. Es muß leer einige Zeit bei voller Leistung erhitzt werden, bevor Sie beispielsweise ein Steak darauf braten können. Das Geschirr ist jedoch nur für kleine Lebensmittelmengen geeignet, da Sie die Speisen beim Wenden auf einen unbenutzten Teil des Geschirrs legen müssen. Da die Vorheizzeiten meist relativ lang sind, halte ich es für sinnvoller, Lebensmittel wie Steaks »traditionell« auf dem Herd in einer Pfanne zuzubereiten.

Runde und ovale Formen eignen sich besser zum Garen in der Mikrowelle als eckige. Möglichst alle Formen sollten einen passenden Deckel haben.

Form der Gefäße
Runde und ovale Gefäße können Sie besser zum Garen im Mikrowellengerät einsetzen als eckige, da sich die Mikrowellenenergie in den Ecken sammelt, wodurch die Lebensmittel an diesen Stellen schneller garen. Außerdem sind flache Gefäße besser als hohe, da eine größere Energiemenge ins Innere der Speisen gelangen kann und sie so schneller garen. Von Vorteil ist bei allen Gefäßen ein passender Deckel, da die meisten Gerichte zugedeckt gegart werden.

Glas
Feuerfeste Glasgeschirre ohne Metalleinschlüsse sind optimal zum Garen im Mikrowellengerät, da die Mikrowellen Glas ohne Verluste durchdringen können. Ein weiterer großer Vorteil: Sie können das Gericht beim Garen gut beobachten.

Keramik und Ton

Geschirr aus Keramik und Ton ist größtenteils für das Garen im Mikrowellengerät geeignet. Diese Materialien erwärmen sich beim Garen im Mikrowellengerät stärker als beispielsweise Glas, deshalb geht ein geringer Teil der Mikrowellenenergie verloren. Manche Formen haben eine bleihaltige Glasur und erhitzen sich deshalb zu stark. Sie sollten vorher den Geschirrtest (siehe Seite 6) machen.

Kunststoff

Hitzebeständiger Kunststoff ist für das Garen im Mikrowellen-Sologerät geeignet. Es gibt spezielle Kunststoffgefäße mit Deckel, in denen Sie Lebensmittel gut einfrieren, anschließend auftauen und erwärmen können. Auf diesen Gefäßen muß ausdrücklich vermerkt sein, daß sie hitzebeständig sind.

Papier und Pappe

Diese Materialien sollten Sie nur zum Erwärmen von eher trockenen Gerichten verwenden und für kurze Garzeiten, da sie sonst durchweichen. Außerdem sind sie nur bei Mikrowellen »solo« eine sinnvolle Alternative, da sie bei Zuschaltung von herkömmlichen Hitzequellen verbrennen könnten.

Porzellan

Geschirr aus Porzellan leistet Ihnen gute Dienste im Mikrowellenbetrieb, wenn es kein Metalldekor hat. Dünne Formen aus Porzellan sollten Sie allerdings nicht verwenden, da diese durch die Hitze des Gerichtes springen könnten. Nehmen Sie auch kein Geschirr mit Sprüngen, da sich darin Wasser sammelt, das sich durch die Hitze ausdehnt und das Geschirr dann »sprengt«.

Spezielles Mikrowellengeschirr

Inzwischen gibt es überall Mikrowellengeschirr in den verschiedensten Formen, Größen und aus unterschiedlichen Materialien zu kaufen. Am Anfang können Sie das geeignete Geschirr verwenden, das Sie sowieso im Schrank haben. Nach einiger Zeit des Experimentierens finden Sie dann sicherlich heraus, welche Form Sie noch brauchen. Beim Kauf sollten Sie immer darauf achten, daß die Gefäße nicht zu groß sind; sonst passen sie nicht in Ihr Gerät.

Wichtig: Wenn Sie ein Kombinationsgerät besitzen, sollten Sie immer darauf achten, daß das Geschirr und die Abdeckmaterialien feuerfest sind. Im Mikrowellengerät erwärmt sich das Geschirr durch die Hitze des Gerichtes. Deshalb die Gefäße immer mit Topflappen aus dem Gerät nehmen.

Gemüse und Mikrowellen

Gemüse gelingt in der Mikrowelle besonders gut. Das feine Aroma und die frischen Farben bleiben durch das schonende Garen mit wenig Flüssigkeit oder Fett ideal erhalten. Damit die verschiedenen Gemüsegerichte immer wirklich gut gelingen, nachfolgend ein paar Tips:

• Die Garzeit der verschiedenen Gemüsesorten hängt stark von ihrem Wassergehalt ab, da hauptsächlich die Wassermoleküle von den Mikrowellen in Bewegung gebracht werden. Gemüse verliert beim Lagern Feuchtigkeit. Deshalb ist es besonders wichtig, daß Sie immer frisches Gemüse kaufen.

• Faserarmes Gemüse wie Tomaten, Gurken oder Pilze benötigt zum Garen kaum Flüssigkeit und ist in wenigen Minuten bißfest gegart. Faserreiches Gemüse wie Spargel, Bohnen oder die verschiedenen Kohlsorten benötigt mehr Flüssigkeit, da diese Gemüsesorten auch weniger Feuchtigkeit enthalten.

• Wenn Sie verschiedene Gemüsesorten gleichzeitig garen, sollten Sie immer darauf achten, daß sie in etwa die gleiche Garzeit haben (siehe Tabelle Seite 54).

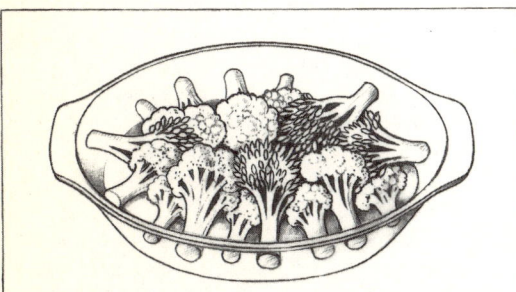

Damit ungleichmäßig geformtes Gemüse wie Blumenkohl oder Broccoli überall gleichzeitig gar wird, ordnen Sie es am besten so an, daß die Stiele nach außen zeigen.

• Damit das Gemüse gleichmäßig gart, schneiden Sie die Stücke gleich groß.

• Ordnen Sie ungleichmäßig geformtes Gemüse so in der Form an, daß die Stiele nach außen und die Röschen nach innen zeigen. So wird beides gleichzeitig gar.

• Gemüse mit Schale wie zum Beispiel Kartoffeln, die im Ganzen gegart werden, müssen Sie mit einer Gabel mehrmals einstechen, damit die Schalen beim Garen nicht platzen.

• Tiefgefrorenes Gemüse gart gleichmäßiger, wenn Sie es zuerst mit der Auftaustufe einige Minuten antauen und dann bei voller Leistung fertiggaren. Wenn Sie sofort auf volle Leistung schalten, gart das Gemüse an manchen Stellen schon, während es an anderen Stellen noch gefroren ist.

• Damit sich die Hitze im Gericht gleichmäßig verteilt, sollten Sie es während der Garzeit ein- bis zweimal durchrühren. Dies ist besonders wichtig, wenn Sie ein Gerät mit Drehteller haben. Gemüse, das im Ganzen gart, einmal in der Form drehen.

• Lassen Sie die Gerichte nach dem Garen einige Minuten zugedeckt stehen. Dadurch verteilt sich die Hitze gleichmäßig im Gericht.

• Wenn Sie das Gemüse von Anfang an mit Salz garen, sollten Sie es gut unterrühren. Es können sonst trockene Stellen entstehen, da das Salz Feuchtigkeit entzieht.

• Tomaten und Paprikaschoten lassen sich auch mit Hilfe des Mikrowellengerätes häuten. Stechen Sie das Gemüse mehrmals ein und legen Sie es 1–2 Minuten bei voller Leistung in das Gerät. Das Gemüse dann wie gewohnt kalt abschrecken und häuten. Bei Tomaten kann es allerdings manchmal passieren, daß die Früchte an einigen Stellen schon zu garen beginnen. Ich häute sie deshalb lieber auf die gewohnte Weise, indem ich sie kurz mit kochendheißem Wasser überbrühe.

Feine Gemüsevorspeisen

Spargel mit Nuß-Vinaigrette

Zutaten für 2–3 Personen:
500 g Spargel · ⅛ l Wasser · Salz · 1 Prise Zucker · 1 Eßl. Haselnußkerne · ½ Teel. scharfer Senf · 1 Eßl. Weißwein- oder Kräuteressig · schwarzer Pfeffer, frisch gemahlen 2 Eßl. kaltgepreßtes Oliven- oder Maiskeimöl 1 Beet Kresse
Bei 3 Personen pro Person etwa 430 kJ/ 100 kcal
4 g Eiweiß · 10 g Fett · 3 g Kohlenhydrate

- Vorbereitungszeit: etwa 20 Min.
- Garzeit bei:
  Mikrowellenleistung 600 Watt   12 Min.

So wird's gemacht:
1. Den Spargel schälen und waschen.
2. Dann in eine mikrowellengeeignete Form mit Deckel geben, in der die Stangen nebeneinander Platz haben.
3. Das Wasser mit Salz und dem Zucker verrühren und über den Spargel gießen.
4. Den Spargel zugedeckt bei 600 Watt in etwa 12 Minuten bißfest garen. Nach etwa der Hälfte der Zeit die äußeren Stangen nach innen legen und umgekehrt.
5. Während der Spargel gart, die Haselnußkerne mit einem großen schweren Messer oder im Zwiebelhacker fein zerkleinern.
6. Den Senf mit dem Essig, Salz und Pfeffer gut verrühren. Das Öl teelöffelweise unterschlagen.
7. 1 Eßlöffel Kresse mit der Küchenschere vom Beet abschneiden. Die Kresseblättchen in einem Sieb kalt abspülen und abtropfen lassen. Mit den Nüssen unter die Vinaigrette mischen.

8. Den Spargel mit einem Schaumlöffel aus der Garflüssigkeit heben, abtropfen lassen und auf Tellern verteilen. Die Vinaigrette darüber gießen und den Spargel servieren.

Mein Tip Das Spargelwasser schmeckt sehr intensiv. Sie können es als Grundlage für eine Gemüsesuppe verwenden.

Marinierte Pilze

Die Pilze schmecken als leichte Vorspeise und eignen sich für ein Partybuffet.

Zutaten für 4 Personen:
600 g kleine Champignons oder Egerlinge 2 Knoblauchzehen · 1 Zwiebel (etwa 100 g) ½ unbehandelte Zitrone · je einige Zweige frischer Rosmarin und Thymian · 2 Eßl. kaltgepreßtes Olivenöl · 3 Eßl. trockener Weißwein 2 Lorbeerblätter · 6 grüne Pfefferkörner · Salz
Pro Person etwa 330 kJ/80 kcal
5 g Eiweiß · 5 g Fett · 3 g Kohlenhydrate

- Vorbereitungszeit: etwa 35 Min.
- Garzeit bei:
  Mikrowellenleistung 600 Watt   6 Min.
- Marinierzeit: etwa 6 Stunden

So wird's gemacht:
1. Die Pilze putzen und eventuell kurz kalt waschen. Größere Pilze halbieren oder vierteln. Die Knoblauchzehen schälen und halbieren. Die Zwiebel schälen und fein hacken. Die Zitronenhälfte heiß waschen und abtrocknen. Ein Stück Schale von etwa 2 cm Länge dünn abschälen und in sehr schmale Streifen

schneiden. Die Zitrone dann auspressen. Die Kräuter waschen und trockenschwenken, dann von den Stielen streifen.

2. Alle diese vorbereiteten Zutaten mit dem Olivenöl, dem Weißwein, den Lorbeerblättern und den Pfefferkörnern in einem mikrowellengeeigneten Gefäß mit Deckel mischen und mit Salz würzen.

3. Die Pilze zugedeckt bei 600 Watt in etwa 6 Minuten bißfest garen. Zwischendurch einmal vorsichtig durchrühren.

4. Die Pilze im Sud abkühlen, dann etwa 6 Stunden zugedeckt im Kühlschrank marinieren lassen.

Mein Tip Stellen Sie die Pilze vor dem Servieren bei 600 Watt für ½ Minute ins Mikrowellengerät – dann können sie ihr Aroma optimal entfalten.

Marinierte Zwiebeln mit Estragon

Zutaten für 4 Personen:
500 g kleine Zwiebeln · etwa 4 Zweige frischer Estragon · Saft von ½ Zitrone 1 Eßl. trockener Weißwein · 1 Eßl. Wasser 2 Eßl. kaltgepreßtes Olivenöl · Salz · weißer Pfeffer, frisch gemahlen
Pro Person etwa 340 kJ/80 kcal
2 g Eiweiß · 4 g Fett · 9 g Kohlenhydrate

- Vorbereitungszeit: etwa 10 Min.
- Garzeit bei:
  Mikrowellenleistung 600 Watt   5 Min.
- Marinierzeit: etwa 6 Stunden

So wird's gemacht:
1. Die Zwiebeln schälen. Größere Zwiebeln halbieren oder vierteln. Den Estragon waschen, trockentupfen und die Blättchen von den Stielen zupfen.

2. Die Zwiebeln mit dem Estragon, dem Zitronensaft, dem Weißwein, dem Wasser und dem Öl in einer mikrowellengeeigneten Form mit Deckel mischen und mit Salz und Pfeffer würzen.

3. Die Zwiebeln zugedeckt bei 600 Watt in etwa 5 Minuten bißfest garen. Zwischendurch einmal umrühren.

4. Die Zwiebeln im Sud erkalten, dann im Kühlschrank etwa 6 Stunden marinieren lassen.

Für Mikrowellen-Kombinationsgeräte

Überbackene Austernpilze
Bild 2. Umschlagseite

Der Austernpilz – auch Austernseitling oder Kalbfleischpilz genannt – wird auf Strohballen gezüchtet. Er hat ein feines Aroma und Sie können ihn in fast jedem Supermarkt kaufen.

Zutaten für 4 Personen:
300 g Austernpilze · 1 kleines Bund Petersilie · 1 Knoblauchzehe · 1 Eßl. Zitronensaft · Salz · schwarzer Pfeffer, frisch gemahlen 75 g Mozzarella
Pro Person etwa 260 kJ/62 kcal
6 g Eiweiß · 3 g Fett · 2 g Kohlenhydrate

- Vorbereitungszeit: etwa 15 Min.
- Garzeit bei:
  Mikrowellenleistung 360 Watt
  mit Grill   starke Stufe } 8 Min.

So wird's gemacht:
1. Die Austernpilze voneinander trennen und von den groben Stielen befreien. Die Pilze dann unter fließendem kaltem Wasser kurz abspülen und trockentupfen.

Die Austernpilze zuerst voneinander trennen, dann die groben Stiele abschneiden.

2. Die Austernpilze nebeneinander in eine feuerfeste Form oder in die Fettpfanne des Gerätes legen.
3. Die Petersilie waschen, trockenschwenken und ohne die groben Stiele sehr fein hacken. Die Knoblauchzehe schälen und ebenfalls sehr fein hacken.
4. Die Petersilie mit dem Knoblauch und dem Zitronensaft mischen.
5. Die Austernpilze mit Salz und Pfeffer würzen und mit der Knoblauchmischung bestreichen.
6. Den Mozzarella abtropfen lassen, in kleine Würfel schneiden und über den Pilzen verteilen.

Mein Tip Gießen Sie die Molke vom Mozzarella nicht weg. In einer Frischhaltedose können Sie den restlichen Mozzarella noch einige Tage aufbewahren.

7. Die Austernpilze auf die obere Schiene des Gerätes geben und bei Mikrowellenleistung 360 Watt und starker Grillstufe etwa 8 Minuten grillen, bis der Käse zerlaufen und schön gebräunt ist.

Das paßt dazu: Stangenweißbrot

Marinierte Endivienstreifen auf griechische Art

Diese ungewöhnliche Vorspeise können Sie auch mit Radicchiostreifen zubereiten.

Zutaten für 4 Personen:
1 Kopf Endiviensalat (etwa 450 g) · ½ Bund frischer Thymian · Saft von ½ Zitrone 1 Eßl. Wasser · 1 Eßl. kaltgepreßtes Olivenöl 1 Lorbeerblatt · 1 Teel. eingelegte grüne Pfefferkörner · Salz
Pro Person etwa 140 kJ/35 kcal 2 g Eiweiß · 2 g Fett · 2 g Kohlenhydrate

- Vorbereitungszeit: etwa 20 Min.
- Garzeit bei:
  Mikrowellenleistung 600 Watt   4 Min.
- Marinierzeit: etwa 2 Stunden

So wird's gemacht:
1. Den Endiviensalat von den äußeren Blättern befreien. Die restlichen Blätter auseinander trennen, unter fließendem kaltem Wasser waschen und gründlich trockenschleudern. Die Salatblätter quer in Streifen von etwa 1 cm Breite schneiden. Den Thymian waschen, trockenschwenken und die Blättchen von den Stielen streifen.
2. Die Salatstreifen mit dem Thymian, dem

Zitronensaft, dem Wasser, dem Öl, dem Lorbeerblatt und den Pfefferkörnern in einer mikrowellengeeigneten Form mit Deckel mischen.

3. Den Endiviensalat mit Salz würzen und zugedeckt bei 600 Watt etwa 4 Minuten garen, bis die Streifen zusammengefallen sind. Nach der Hälfte der Garzeit einmal durchrühren.

4. Die Endivienstreifen im Sud erkalten, dann etwa 2 Stunden im Kühlschrank marinieren lassen.

5. Vor dem Servieren das Lorbeerblatt entfernen.

Das paßt dazu: getoastete Weißbrotscheiben

Gemüseterrine mit Quark

Zutaten für 8 Personen:
2 rote Paprikaschoten (etwa 400 g) · 1 kleine grüne frische Pfefferschote · 2 Zucchini (etwa 200 g) · 200 g junge Möhren · 1 Bund Schnittlauch · einige Blätter frische Zitronenmelisse · 1 Knoblauchzehe
30 g Kürbiskerne · 250 g Magerquark
4 Eier · Salz · schwarzer Pfeffer, frisch gemahlen · 1 Eßl. Zitronensaft
Für die Form: Pergamentpapier und 1 Teel. Butter
Pro Person etwa 460 kJ/110 kcal
10 g Eiweiß · 5 g Fett · 6 g Kohlenhydrate

- Vorbereitungszeit: etwa 45 Min.
- Garzeit bei:
  Mikrowellenleistung 600 Watt   5 Min.
  Mikrowellenleistung 360 Watt   20 Min.
  Gesamtgarzeit: 25 Min.
- Kühlzeit: etwa 4 Stunden

So wird's gemacht:

1. Die Paprikaschoten und die Pfefferschote längs halbieren und von den Stielansätzen, den Trennwänden und den Kernen befreien. Von den Zucchini die Stiel- und die Blütenansätze entfernen. Die Möhren schälen.

2. Alle Gemüse waschen und gut trocknen, dann grob zerkleinern.

3. Die Gemüsestücke im Mixer so fein wie möglich pürieren.

4. Den Schnittlauch und die Zitronenmelisse waschen, trockenschwenken und kleinschneiden. Die Knoblauchzehe schälen und durch die Knoblauchpresse drücken. Die Kürbiskerne mit einem großen schweren Messer grob hacken.

5. Das Gemüsepüree mit dem Quark und den Eiern gründlich verrühren. Die Kräuter, den Knoblauch und die Kürbiskerne untermischen und die Masse mit Salz, Pfeffer und dem Zitronensaft abschmecken.

6. Eine mikrowellengeeignete Terrinenform mit Pergamentpapier auskleiden; das Papier mit der Butter bepinseln.

7. Die Gemüsemasse in die Form füllen und zugedeckt bei 600 Watt 5 Minuten garen.

8. Die Terrine dann bei 360 Watt in etwa 20 Minuten fertiggaren. Die Masse muß dann fest sein.

9. Die Terrine in der Form abkühlen lassen, dann etwa 4 Stunden in den Kühlschrank stellen.

10. Die Terrine zum Servieren vorsichtig auf eine Platte stürzen. Das Pergamentpapier abziehen und die Terrine in Scheiben schneiden.

Das paßt dazu: Vollkornbrot

Schmackhafte Gemüsesuppen

Gemüsebrühe

Eine Gemüsebrühe – die Grundlage vieler Suppen – läßt sich im Mikrowellengerät sehr schnell zubereiten. Bereits nach der Hälfte der gewohnten Zeit können Sie die würzig duftende Brühe auftischen.

Zutaten für etwa ¾ Brühe:
1 Stück Knollensellerie (etwa 150 g)
200 g junge Möhren · 1 kleine Petersilienwurzel (etwa 70 g) · 1 Stange Lauch (etwa 150 g) · 1 kleine Fenchelknolle (etwa 250 g)
1 Knoblauchzehe · einige Zweige frischer Thymian · einige Salbeiblätter · 1 Lorbeerblatt · 800 ccm Wasser · Salz · weißer Peffer, frisch gemahlen
Insgesamt etwa 24 kJ/6 kcal
0 g Eiweiß · 0 g Fett · 0 g Kohlenhydrate

- Vorbereitungszeit: etwa 20 Min.
- Garzeit bei:
  Mikrowellenleistung 600 Watt   15 Min.

So wird's gemacht:
1. Den Sellerie, die Möhren und die Petersilienwurzel schälen, waschen und klein würfeln. Den Lauch putzen, kalt abspülen und in feine Ringe schneiden. Den Fenchel putzen, waschen und ebenfalls kleinschneiden. Die Knoblauchzehe schälen und halbieren. Die Kräuter abspülen.
2. Das vorbereitete Gemüse mit dem Knoblauch, den Kräutern, dem Lorbeerblatt und dem Wasser in einer mikrowellengeeigneten Form mit Deckel mischen. Alles mit Salz und Pfeffer kräftig würzen.
3. Die Gemüsemischung zugedeckt bei 600 Watt etwa 15 Minuten garen. Zwischendurch ein- bis zweimal durchrühren.
4. Die Brühe dann zugedeckt in der Form·

etwas abkühlen lassen. Dann durch ein mit einem Tuch ausgelegtes Sieb gießen. Die Brühe entweder sofort verwenden oder tiefgefrieren.

> **Mein Tip** Sie können auch andere Gemüsesorten verwenden. Das Gemüse ist nach dem Garen etwas ausgelaugt. Es läßt sich aber pürieren und zu einer feinen Cremesuppe verarbeiten.

Gurkensuppe mit Sauerampfer

Wenn Sie keinen Sauerampfer bekommen, können Sie auch 1 Päckchen tiefgefrorene gemischte Kräuter (8 Sorten) verwenden.

Zutaten für 3 Personen:
400 g Schmorgurken · 10 g Butter
400 ccm Gemüsebrühe (Rezept nebenstehend) oder Fleischbrühe · Salz · weißer Peffer, frisch gemahlen · 40 g Sauerampfer
1 Eigelb · 2 Eßl. Sahne
Pro Person etwa 850 kJ/200 kcal
7 g Eiweiß · 17 g Fett · 4 g Kohlenhydrate

- Vorbereitungszeit: etwa 25 Min.
- Garzeit bei:
  Mikrowellenleistung 600 Watt   9 Min.

So wird's gemacht:
1. Die Gurken schälen und längs halbieren. Die Kerne mit einem Teelöffel herausschaben und die Gurken in dünne Scheiben schneiden.
2. Die Butter in kleine Stücke schneiden und mit den Gurken in eine mikrowellengeeignete Form mit Deckel geben. Die Gurken offen bei

600 Watt etwa 2 Minuten dünsten. Zwischendurch einmal umrühren.

3. Die Gemüse- oder die Fleischbrühe angießen. Die Suppe mit Salz und Pfeffer pikant würzen und zugedeckt bei 600 Watt etwa 5 Minuten garen.

4. Inzwischen den Sauerampfer waschen, trockenschwenken, in feine Streifen schneiden.

5. Die Gurken mit der Brühe im Mixer fein pürieren. Den Sauerampfer unter das Püree mischen und alles weitere 2 Minuten zugedeckt bei 600 Watt erhitzen.

6. Das Eigelb mit der Sahne verquirlen.

7. Die Suppe aus dem Gerät nehmen und die Eigelbsahne unterschlagen.

8. Die Suppe eventuell noch einmal mit Salz und Pfeffer abschmecken, dann in vorgewärmten Tellern servieren.

> **Mein Tip** In Süddeutschland werden die kleinen Schmorgurken unter der Bezeichnung Gärtnergurken verkauft.

Pilzsuppe mit Knoblauchcroûtons

Die Croûtons werden im Mikrowellengerät knusprig, bräunen aber nicht. Wenn Sie die Brotwürfel gebräunt lieber haben, sollten Sie das Brot toasten, mit dem Knoblauch bestreichen und dann in Würfel schneiden.

Zutaten für 2 Personen:
300 g Champignons oder Egerlinge 2 Teel. Zitronensaft · 1 Schalotte · ½ Bund Petersilie · 10 g Butter · ¼ l Gemüsebrühe (Rezept Seite 14) oder Fleischbrühe · etwa

3 Eßl. Sahne (50 g) · Salz · weißer Pfeffer, frisch gemahlen · 2 Scheiben Toastbrot 1 große Knoblauchzehe
Pro Person etwa 940 kJ/220 kcal
8 g Eiweiß · 14 g Fett · 17 g Kohlenhydrate

- Vorbereitungszeit: etwa 35 Min.
- Garzeit bei:
  Mikrowellenleistung 600 Watt   8 Min.

So wird's gemacht:

1. Die Champignons oder die Egerlinge putzen und eventuell kurz kalt abspülen, dann würfeln. Die Pilze mit dem Zitronensaft mischen, damit sie sich nicht braun verfärben.

2. Die Schalotte schälen und fein hacken. Die Petersilie waschen, trockenschwenken und ohne die groben Stiele fein hacken.

3. Die Pilze, die Schalotte und die Petersilie in eine mikrowellengeeignete Form geben. Die Butter in kleine Stücke schneiden und hinzufügen.

4. Die Pilzmischung offen bei 600 Watt etwa 2 Minuten dünsten. Zwischendurch einmal durchrühren.

5. Die Gemüse- oder die Fleischbrühe und die Sahne angießen. Die Suppe mit Salz und Pfeffer pikant abschmecken und zugedeckt bei 600 Watt in etwa 4 Minuten fertiggaren.

6. Inzwischen die Brotscheiben in kleine Würfel schneiden. Die Knoblauchzehe schälen und durch die Knoblauchpresse drücken.

7. Die Pilzsuppe aus dem Gerät nehmen und zugedeckt stehenlassen.

8. Die Brotwürfel mit dem Knoblauch in einer mikrowellengeeigneten Form mischen und offen bei 600 Watt etwa 2 Minuten rösten. Nach 1 Minute einmal durchrühren.

9. Die Pilzsuppe in vorgewärmte Teller füllen und mit den Knoblauchcroûtons bestreut servieren.

Provenzalische Suppe mit Safran

Bild 3. Umschlagseite

Im Rahmen eines mehrgängigen Menüs reicht diese Suppe für 5 Personen.

Zutaten für 3 Personen:
2 Schalotten · ½ Bund Frühlingszwiebeln
200 g mehlig-festkochende Kartoffeln
300 g Tomaten · einige Blätter frischer Salbei
1 kleines Bund Petersilie · 1 Eßl. kaltgepreßtes
Olivenöl · ½ l Gemüsebrühe (Rezept
Seite 14) · 2 Knoblauchzehen · ½ Teel. zer-
drückte Fenchelsamen · abgeriebene Schale
von ¼ unbehandelten Orange · 1 Döschen
gemahlener Safran · Salz
Pro Person etwa   520 kJ/120 kcal
4 g Eiweiß · 4 g Fett · 18 g Kohlenhydrate

- Vorbereitungszeit: etwa 40 Min.
- Garzeit bei:
  Mikrowellenleistung 600 Watt   10 Min.

So wird's gemacht:
1. Die Schalotten schälen und fein hacken. Die Frühlingszwiebeln putzen, gründlich kalt abspülen, trockenschütteln und mit etwa zwei Dritteln des zarten Grüns in feine Ringe schneiden. Die Kartoffeln schälen und waschen, dann grob raspeln oder in sehr kleine Würfel schneiden. Die Tomaten mit kochendem Wasser überbrühen, kurz darin ziehen lassen, kalt abschrecken und häuten. Die Tomaten in kleine Würfel schneiden. Dabei

die Stielansätze entfernen. Den Salbei und die Petersilie waschen und trockenschwenken. Die Petersilienblättchen von den Stielen zupfen und mit dem Salbei fein hacken. Einen Teil der Kräuter zum Bestreuen der Suppe zugedeckt beiseite stellen.
2. Die Schalotten und die Frühlingszwiebeln mit dem Öl in eine mikrowellengeeignete Form mit Deckel geben. Die Mischung offen bei 600 Watt etwa 2 Minuten andünsten.
3. Die Kartoffeln, die Tomaten, die Kräuter und die Gemüsebrühe dazugeben. Die Knoblauchzehen schälen und durch die Knoblauchpresse dazudrücken. Die Suppe mit den Fenchelsamen, der Orangenschale, dem Safran und Salz abschmecken.
4. Die Provenzalische Suppe zugedeckt bei 600 Watt etwa 8 Minuten garen, bis die Kartoffeln weich sind. Zwischendurch einmal gründlich durchrühren.
5. Die Suppe in vorgewärmten Tellern servieren und mit den restlichen Kräutern bestreuen.

Das paßt dazu: Stangenweißbrot und eventuell Kräuterbutter

Mein Tip Die Fenchelsamen können Sie ganz leicht mit der flachen Messerklinge auf einem Brettchen zerdrücken.

Der feine Geschmack der Zucchini harmoniert optimal mit zartem Hühnerbrustfilet. Zusätzliche Würze geben Tomaten, Petersilie und Mozzarella. Das Rezept für die gefüllten Zucchini mit Hühnerfleisch steht auf Seite 23.

Klare Brühe mit Gemüse und Tofu

Zutaten für 3 Personen:
100 g Tofu · 1 Stück unbehandelte Zitronen-
schale (etwa 1 cm lang) · ½ Bund Schnittlauch
1 Eßl. Zitronensaft · 1 Teel. Sojasauce
1 kräftige Prise Cayennepfeffer · 100 g Möh-
ren · 1 dünne Stange Lauch · 600 ccm Gemü-
sebrühe (Rezept Seite 14) oder Hühnerbrühe
Salz · weißer Pfeffer, frisch gemahlen
Pro Person etwa 220 kJ/50 kcal
4 g Eiweiß · 2 g Fett · 4 g Kohlenhydrate

- Vorbereitungszeit: etwa 25 Min.
- Marinierzeit: etwa 1 Stunde
- Garzeit bei:
  Mikrowellenleistung 600 Watt   6 Min.

So wird's gemacht:
1. Den Tofu abtropfen lassen und in dünne
Streifen schneiden. Die Zitronenschale fein
hacken. Den Schnittlauch waschen, trockenschwenken und in feine Röllchen schneiden.
2. Den Tofu mit der Zitronenschale, dem
Schnittlauch, dem Zitronensaft, der Sojasauce
und dem Cayennepfeffer mischen und zugedeckt etwa 1 Stunde ziehen lassen.

◁ Ganz einfach und doch raffiniert: Durch eine
Marinade aus Zitronensaft, Sojasauce, Basilikum
und Knoblauch bekommt der Bohnentopf mit Hühnerstreifen eine exotische Note. Rezept Seite 25.

3. Dann die Möhren schälen, waschen
und in hauchdünne Streifen (Julienne) schneiden. Den Lauch putzen, gründlich kalt abspülen und mit etwa zwei Dritteln des zarten
Grüns in feine Ringe schneiden.
4. Das Gemüse mit der Gemüse- oder
Hühnerbrühe in eine mikrowellengeeignete
Form mit Deckel geben und zugedeckt bei
600 Watt in etwa 6 Minuten bißfest garen.
Zwischendurch einmal durchrühren.
5. Inzwischen die Tofustreifen mit der Marinade auf vorgewärmte Teller verteilen.
6. Die Suppe mit Salz und Pfeffer abschmek-
ken und über die Tofustreifen gießen.

Mein Tip Statt Tofu können Sie auch
1 Hühnerbrustfilet in sehr dünne Streifen schneiden und mit den angegebenen Zutaten marinieren. Die Hühnerstreifen müssen nicht gegart werden, es
genügt, wenn man sie mit der kochend-
heißen Brühe übergießt.

Frühlingszwiebelsuppe mit Pilzklößchen

Zutaten für 3 Personen:
200 g Champignons oder Egerlinge
1 kleine Knoblauchzehe · 1 kleines Bund
Schnittlauch · 1 kleines Ei · 30 g Parmesan,
frisch gerieben · etwa 30 g Semmelbrösel
Salz · weißer Pfeffer, frisch gemahlen · 1 Prise
Muskatnuß, frisch gerieben · 1 Bund Früh-
lingszwiebeln · ½ l Gemüsebrühe (Rezept
Seite 14) oder Fleischbrühe
Pro Person etwa 420 kJ/100 kcal
6 g Eiweiß · 3 g Fett · 11 g Kohlenhydrate

- Vorbereitungszeit: etwa 35 Min.
- Garzeit bei:
  Mikrowellenleistung 600 Watt   8 Min.

So wird's gemacht:
1. Die Champignons oder die Egerlinge putzen und eventuell kurz kalt abspülen. Die Pilze dann gegebenenfalls trockentupfen, anschließend so fein wie möglich hacken (das geht am schnellsten mit dem Blitzhacker).
2. Die Pilze in eine Schüssel füllen. Die Knoblauchzehe schälen und durch die Knoblauchpresse zu den Pilzen drücken. Den Schnittlauch waschen, trockenschwenken und in feine Röllchen schneiden. Die Hälfte davon mit dem Ei, dem Parmesan und den Semmelbröseln zu den Pilzen geben. Die Masse kräftig verkneten und mit Salz, Pfeffer und dem Muskat abschmecken. Die Masse soll relativ feucht, aber formbar sein. Eventuell noch etwas Semmelbrösel untermischen.
3. Die Frühlingszwiebeln putzen, gründlich kalt waschen und mit etwa zwei Dritteln des zarten Grüns in feine Ringe schneiden.
4. Die Zwiebelringe mit dem restlichen Schnittlauch und der Gemüse- oder Fleischbrühe in eine mikrowellengeeignete Form mit Deckel geben.
5. Die Brühe mit Salz und Pfeffer abschmecken und zugedeckt bei 600 Watt 5 Minuten garen, bis die Zwiebelringe bißfest sind.
6. Inzwischen aus dem Pilzteig gleich große Klößchen formen und am Rand eines mikrowellengeeigneten Tellers anordnen.
7. Die Brühe aus dem Gerät nehmen und zugedeckt beiseite stellen.
8. Die Pilzklößchen offen bei 600 Watt in etwa 3 Minuten garen.
9. Die Klößchen in vorgewärmte Suppenteller legen. Die Brühe darüber gießen und die Suppe sofort servieren.

Tomatensuppe mit Kräutern

Zutaten für 3 Personen:
500 g Tomaten · 1 Zwiebel · 1 Knoblauchzehe · ½ Bund frischer Thymian · je einige Blätter frische Zitronenmelisse und Salbei 1 Teel. kaltgepreßtes Olivenöl · ⅛ l Gemüsebrühe (Rezept Seite 14) oder Wasser · Salz schwarzer Pfeffer, frisch gemahlen · 1 Prise Zucker · 1 Eßl. Crème fraîche
Pro Person etwa   600 kJ/140 kcal
4 g Eiweiß · 7 g Fett · 16 g Kohlenhydrate

- Vorbereitungszeit: etwa 20 Min.
- Garzeit bei:
  Mikrowellenleistung 600 Watt   6 Min.

So wird's gemacht:
1. Die Tomaten mit kochendem Wasser überbrühen, kurz darin ziehen lassen, kalt abschrecken und häuten. Die Tomaten würfeln, dabei die Stielansätze entfernen. Die Zwiebel und den Knoblauch schälen und fein hacken. Die Kräuter waschen und trockenschwenken. Die Thymianblättchen von den Stielen streifen, die Zitronenmelisse und den Salbei fein hacken. Etwas von der Kräutermischung zum Bestreuen beiseite legen.
2. Die Zwiebel und den Knoblauch mit dem Öl in eine mikrowellengeeignete Form mit Deckel geben und offen bei 600 Watt etwa 1 Minute dünsten.
3. Die Tomaten, die Gemüsebrühe oder das Wasser und die Kräuter dazugeben, mit Salz, Pfeffer und dem Zucker würzen und zugedeckt bei 600 Watt etwa 4 Minuten garen. Zwischendurch einmal durchrühren.
4. Die Crème fraîche untermischen und die Suppe zugedeckt bei 600 Watt noch einmal

1 Minute erwärmen. Eventuell nochmal abschmecken.

5. Die Suppe sofort in vorgewärmten Tellern servieren und mit den zurückbehaltenden Kräutern bestreuen.

Kartoffel-Lauch-Suppe

Zutaten für 2 Personen:
1 dünne Stange Lauch (etwa 150 g)
150 g mehligkochende Kartoffeln · 15 g But-
ter · ¼ l Gemüsebrühe (Rezept Seite 14) oder
Fleischbrühe · Salz · schwarzer Pfeffer, frisch
gemahlen · 100 g Crème fraîche · ½ kleines
Bund Schnittlauch
Pro Person etwa 1400 kJ/330 kcal
5 g Eiweiß · 27 g Fett · 16 g Kohlenhydrate

- Vorbereitungszeit: etwa 20 Min.
- Garzeit bei:
  Mikrowellenleistung 600 Watt   8 Min.

So wird's gemacht:
1. Den Lauch putzen, gründlich unter fließendem kaltem Wasser abspülen und mit etwa zwei Dritteln des zarten Grüns in sehr dünne Ringe schneiden. Die Kartoffeln schälen, waschen und auf der Rohkostreibe fein raspeln.
2. Den Lauch und die Kartoffeln in eine mikrowellengeeignete Form mit Deckel füllen. Die Butter in kleine Stücke schneiden und dazugeben.
3. Die Gemüsemischung bei 600 Watt offen 3 Minuten andünsten. Nach der Hälfte der Zeit einmal durchrühren.
4. Die Gemüse- oder Fleischbrühe untermischen. Die Suppe mit Salz und Pfeffer würzen und zugedeckt bei 600 Watt etwa 5 Minuten

garen, bis die Kartoffeln weich sind.
5. Nach etwa 2 ½ Minuten die Crème fraîche unterrühren.
6. Inzwischen den Schnittlauch waschen und trockenschwenken, dann in feine Röllchen schneiden.
7. Die Suppe noch einmal mit Salz und Pfeffer abschmecken, in vorgewärmte Teller verteilen und mit dem Schnittlauch bestreut servieren.

Das paßt dazu: Vollkornbrötchen

Bunte Gemüsesuppe mit Speck

Zutaten für 3 Personen:
1 dünne Scheibe durchwachsener Speck
(etwa 50 g) · 1 Zwiebel (etwa 60 g)
100 g junge Möhren · 1 Petersilienwurzel
(etwa 50 g) · 1 kleines Stück Knollensellerie
(etwa 100 g) · 300 g Erbsenschoten oder
100 g Champignons · 150 g Wirsing
600 ccm Fleischbrühe · 1 Lorbeerblatt
weißer Pfeffer, frisch gemahlen · eventuell
Salz · ½ Bund Petersilie
Pro Person etwa 800 kJ/190 kcal
8 g Eiweiß · 12 g Fett · 12 g Kohlenhydrate

- Vorbereitungszeit: etwa 30 Min.
- Garzeit bei:
  Mikrowellenleistung 600 Watt   14 Min.

So wird's gemacht:
1. Den Speck ohne Schwarte und Knorpel in kleine Würfel schneiden. Die Zwiebel schälen und hacken. Die Möhren, die Petersilienwurzel und den Knollensellerie schälen, waschen und klein würfeln. Die Erbsen aus den Schoten

lösen oder die Champignons putzen und in Scheiben schneiden. Den Wirsing von den äußeren Blättern und dem Strunk befreien, waschen und in schmale Streifen schneiden.
2. Den Speck mit der Zwiebel in einer ausreichend großen, mikrowellengeeigneten Form mit Deckel mischen und offen bei 600 Watt in etwa 2 Minuten ausbraten.
3. Das Gemüse, die Brühe und das Lorbeerblatt dazugeben.
4. Die Suppe mit Pfeffer und eventuell etwas Salz (der Speck und die Fleischbrühe sind schon salzig) würzen und zugedeckt bei 600 Watt etwa 12 Minuten garen, bis das Gemüse bißfest ist. Dabei einmal gründlich durchrühren.
5. Inzwischen die Petersilie waschen, trockenschwenken und ohne die groben Stiele sehr fein hacken.
6. Das Lorbeerblatt entfernen und die Suppe mit der Petersilie bestreut servieren.

Spargelcremesuppe mit Kräutern

Zutaten für 3–4 Personen:
400 g grüner Spargel · ⅛ l Wasser · Salz
1 Prise Zucker · einige Blättchen frische
Zitronenmelisse · 1 Handvoll frischer Kerbel
½ l Gemüsebrühe (Rezept Seite 14) oder
Fleischbrühe · 1 Eßl. Crème fraîche
1–2 Teel. Zitronensaft · weißer Pfeffer,
frisch gemahlen · 1 Prise Muskatnuß,
frisch gerieben
Bei 4 Personen pro Person etwa 190 kJ/ 45 kcal
3 g Eiweiß · 3 g Fett · 5 g Kohlenhydrate

● Vorbereitungszeit: etwa 20 Min.

● Garzeit bei:
Mikrowellenleistung 600 Watt   13 Min.

So wird's gemacht:
1. Den Spargel von den holzigen Enden befreien und waschen. Die Stangen nur am unteren Ende dünn schälen, dann in Stücke von etwa 2 cm Länge schneiden
2. Das Wasser mit Salz und dem Zucker in einer mikrowellengeeigneten Form mit Deckel mischen. Die Spargelstücke hineinlegen und zugedeckt bei 600 Watt in etwa 10 Minuten weich garen. Zwischendurch einmal durchrühren.
3. Inzwischen die Kräuter waschen, trockenschütteln und sehr fein hacken.
4. Die Spargelspitzen aus der Form nehmen und beiseite legen. Die restlichen Spargelstücke mit dem Sud im Mixer pürieren.
5. Das Püree mit den Spargelspitzen wieder in die Form gießen, die Gemüse- oder Fleischbrühe und die Crème fraîche unterrühren und mit dem Zitronensaft, Salz, Pfeffer und dem Muskat abschmecken. Die Kräuter untermischen.
6. Die Suppe zugedeckt bei 600 Watt in etwa 3 Minuten erhitzen, dann sofort in vorgewärmten Tellern servieren.

Mein Tip Wenn Sie die Suppe mit weißem Spargel zubereiten wollen, müssen Sie die Stangen gründlich schälen und die Garzeit um etwa 4 Minuten verlängern.

Gemüse mit Fleisch und Geflügel

Für Mikrowellen-Kombinationsgeräte

Gefüllte Zucchini mit Hühnerfleisch
Bild Seite 17

Zutaten für 2—3 Personen:
2 Zucchini (etwa 500 g) · 1 Hühnerbrustfilet
(etwa 150 g) · 2 Tomaten (etwa 250 g)
½ Bund Petersilie · 75 g Mozzarella · Salz
weißer Pfeffer, frisch gemahlen · 10 g Butter
Bei 3 Personen pro Person etwa 770 kJ/
180 kcal
20 g Eiweiß · 8 g Fett · 7 g Kohlenhydrate

- Vorbereitungszeit: etwa 30 Min.
- Garzeit bei:
  Mikrowellenleistung 360 Watt
  mit Grill   starke Stufe } 12 Min.

So wird's gemacht:
1. Die Zucchini von Stiel- und Blütenansätzen
befreien, waschen, abtrocknen und längs
halbieren. Die Zucchini mit einem Teelöffel so
aushöhlen, daß etwa ½ cm Rand stehenbleibt.
Das ausgelöste Fruchtfleisch fein hacken. Das
Hühnerbrustfilet in kleine Würfel schneiden.
Die Tomaten mit kochendem Wasser überbrühen, kurz darin ziehen lassen, kalt abschrek-
ken und häuten. Die Tomaten ebenfalls fein
würfeln, dabei die Stielansätze entfernen.
Die Petersilie waschen, trockenschwenken
und ohne die groben Stiele fein hacken.
Den Mozzarella abtropfen lassen (siehe Tip
Seite 12) und in kleine Würfel schneiden.
2. Das gehackte Zucchinifleisch mit der Hühnerbrust, den Tomaten, der Petersilie und dem
Mozzarella mischen und mit Salz und Pfeffer
pikant würzen.
3. Diese Mischung in die ausgehöhlten
Zucchinihälften füllen. Die Zucchini in eine

feuerfeste Form oder in die Fettpfanne des
Gerätes legen. Eventuell übrig gebliebene
Füllung daneben verteilen. Die Butter in kleine
Flöckchen schneiden und auf die Zucchini
geben.
4. Die Zucchini mit dem Rost in die obere
Schiene des Gerätes geben und bei Mikrowellenleistung 360 Watt und starker Grillstufe
etwa 12 Minuten garen, bis die Zucchini bißfest sind und die Oberfläche gebräunt ist.

Das paßt dazu: Reis oder Vollkornnudeln

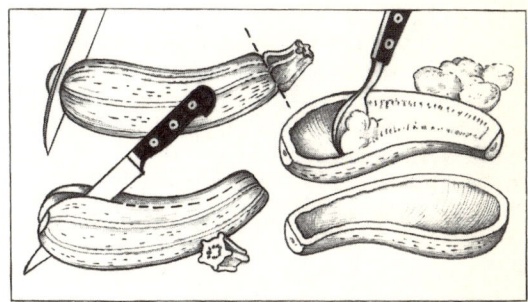

Von den Zucchini Stiel- und Blütenansätze entfernen. Das Gemüse waschen, längs halbieren und
mit dem Teelöffel aushöhlen.

Süß-saures Gemüse mit mariniertem Rindfleisch

Zutaten für 3 Personen:
1 Rinderfiletsteak (etwa 150 g)
1 Knoblauchzehe · 1 Stück unbehandelte
Zitronenschale (etwa 1 cm lang) · 1 Eßl. Soja-
sauce · 1 Teel. Zitronensaft · 1 Messerspitze
gemahlener Ingwer · 150 g junge Möhren
250 g Broccoli · 1 Tomate (etwa 100 g)
1 dünne Stange Lauch (etwa 150 g)

1 Schalotte · 1 Pfirsich (etwa 120 g) · ½ feste
Banane (etwa 100 g) · 10 g Butter · etwa
1 Eßl. Weißweinessig · 5 Eßl. Wasser · Salz
weißer Pfeffer, frisch gemahlen · einige Blätter
frische Pfefferminze, ersatzweise Petersilie
Pro Person etwa 780 kJ/190 kcal
15 g Eiweiß · 6 g Fett · 18 g Kohlenhydrate

- Vorbereitungszeit: etwa 40 Min.
- Marinierzeit: etwa 1 Stunde
- Garzeit bei:
  Mikrowellenleistung 600 Watt   13 Min.

So wird's gemacht:
1. Das Rindfleisch kalt abspülen, gründlich
trockentupfen und quer zur Faser in dünne
Streifen schneiden. Die Knoblauchzehe schälen und fein hacken. Die Zitronenschale ebenfalls fein zerkleinern.
2. Die Fleischstreifen mit dem Knoblauch, der
Zitronenschale, der Sojasauce, dem Zitronensaft und dem Ingwer in einem Schälchen
mischen und zugedeckt etwa 1 Stunde im
Kühlschrank marinieren.
3. Nach etwa 30 Minuten die Möhren schälen, waschen und in schmale Stifte schneiden.
Den Broccoli waschen und die Röschen ab-
trennen. Die Stiele schälen und in kleinere
Stücke schneiden. Die Tomate waschen, abtrocknen und klein würfeln. Dabei den Stielansatz entfernen. Den Lauch putzen, gründlich
unter fließendem kaltem Wasser waschen und
mit etwa zwei Dritteln des zarten Grüns in
feine Ringe schneiden. Die Schalotte schälen
und fein hacken. Den Pfirsich mit kochendheißem Wasser überbrühen, kurz darin ziehen
lassen und häuten. Das Fruchtfleisch in dünnen Schnitzen vom Stein schneiden. Die
Banane schälen und in Scheiben schneiden.
4. Den Lauch und die Schalotte in eine mikrowellengeeignete Form mit Deckel geben. Die

Butter in kleine Stücke schneiden und untermischen. Das Gemüse offen bei 600 Watt etwa
2 Minuten andünsten.
5. Dann die Möhren und den Broccoli dazugeben. Den Essig und das Wasser untermischen und das Gemüse mit Salz und Pfeffer
würzen. Das Gemüse zugedeckt bei
600 Watt in etwa 6 Minuten bißfest garen.
Zwischendurch einmal umrühren.
6. Inzwischen die Pfefferminze waschen, trok-
kentupfen und in schmale Streifen schneiden.
7. Die Tomate, das Obst und die Pfefferminze
unter das Gemüse mischen und alles weitere
3 Minuten zugedeckt bei 600 Watt dünsten.
8. Das marinierte Rindfleisch mit Pfeffer
würzen und unter das Gemüse mischen.
Alles noch einmal 2 Minuten zugedeckt bei
600 Watt garen.
9. Das Gemüse eventuell noch mit etwas
Essig abschmecken, dann servieren.

Das paßt dazu: körnig gegarter Reis

Paprikagemüse
mit Schweinefleisch

Das »Urrezept« zu diesem farbenfrohen Gericht wurde vor Jahrhunderten von den Hirten
der ungarischen Puszta entwickelt. Sie besa-
ßen nur einen einzigen Kessel und konnten
daher ausschließlich Eintopfgerichte erfinden.

Zutaten für 2 Personen:
je 1 rote, grüne und gelbe Paprikaschote
(etwa 500 g) · 1 Schalotte · 30 g Butter
Salz · weißer Pfeffer, frisch gemahlen
2 Eßl. saure Sahne · 200 g Schweinefilet
1 Teel. Paprikapulver, edelsüß

1 Prise Rosenpaprikapulver · 1 Bund Petersilie
Pro Person etwa   1600 kJ/380 kcal
23 g Eiweiß · 27 g Fett · 11 g Kohlenhydrate

- Vorbereitungszeit: etwa 25 Min.
- Garzeit bei:
  Mikrowellenleistung 600 Watt   12 Min.

So wird's gemacht:
1. Die Paprikaschoten waschen und vierteln.
Die Stielansätze und die Trennwände mit den
Kernen entfernen. Die Schotenviertel in schmale Streifen schneiden. Die Schalotte schälen
und fein hacken.
2. Die Schalotte mit der Butter in eine mikrowellengeeignete Form mit Deckel geben
und bei 600 Watt offen etwa 1 Minute andünsten.
3. Die Paprikastreifen dazugeben und mit
Salz und Pfeffer würzen. Die saure Sahne
untermischen.
4. Die Paprikastreifen zugedeckt bei
600 Watt etwa 7 Minuten garen, bis sie bißfest sind. Zwischendurch einmal gut umrühren.
5. Inzwischen das Schweinefilet kalt abspülen, trockentupfen und in schmale Streifen
schneiden.
6. Das Schweinefilet mit den beiden Paprika-
pulversorten unter das Gemüse mischen und
alles zugedeckt weitere 4 Minuten bei
600 Watt garen. Nach etwa 2 Minuten einmal durchrühren.
7. Inzwischen die Petersilie waschen, trockenschwenken und ohne die groben Stiele fein
hacken.
8. Das Paprikagemüse eventuell noch einmal
mit Salz abschmecken, dann mit der Petersilie
bestreut servieren.

Das paßt dazu: Salzkartoffeln und gemischter
Salat

Bohnentopf mit Hühnerstreifen
Bild Seite 18

Zutaten für 2 Personen:
1 doppeltes Hühnerbrustfilet (etwa 220 g)
1 Knoblauchzehe · ½ Bund Basilikum
1 Eßl. Zitronensaft · 1 Eßl. Sojasauce
1 Schalotte · einige Zweige frisches Bohnen-
kraut · 300 g tiefgefrorene Bohnen
2 Eßl. Wasser · 10 g Butter · Salz · weißer
Pfeffer, frisch gemahlen
Pro Person etwa   890 kJ/210 kcal
29 g Eiweiß · 5 g Fett · 11 g Kohlenhydrate

- Vorbereitungszeit: etwa 25 Min.
- Marinierzeit: etwa 1 Stunde
- Garzeit bei:
  Mikrowellenleistung 180 Watt   4 Min.
  Mikrowellenleistung 600 Watt   9 Min.
  Gesamtgarzeit: 13 Min.

So wird's gemacht:
1. Die Hühnerbrust kalt abspülen, trockentupfen und in schmale Streifen schneiden. Die
Knoblauchzehe schälen und durch die Knoblauchpresse in eine kleine Schüssel drücken.
Das Basilikum waschen, trockenschwenken,
die Blättchen von den Stielen zupfen und in
Streifen schneiden.
2. Die Hühnerbruststreifen und das Basilikum
mit dem Zitronensaft und der Sojasauce in
das Schälchen zum Knoblauch geben und
alles gut vermischen.
3. Die Hühnerstreifen zugedeckt etwa 1 Stunde im Kühlschrank marinieren.
4. Dann die Schalotte schälen und fein
würfeln. Das Bohnenkraut waschen, trockenschwenken und die Blättchen von den Stielen
zupfen.

5. Die Bohnen mit dem Wasser in eine mikrowellengeeignete Form mit Deckel geben und bei 180 Watt zugedeckt 4 Minuten antauen lassen.

6. Die Butter in kleine Stücke schneiden und zu den Bohnen geben. Die Bohnen mit Salz und Pfeffer würzen und zugedeckt bei 600 Watt in etwa 6 Minuten bißfest garen. Zwischendurch einmal durchrühren.

7. Das Hühnerfleisch ebenfalls salzen und pfeffern, dann mit dem Bohnenkraut unter die Bohnen mischen.

8. Alles zugedeckt weitere 3 Minuten bei 600 Watt garen. Dabei einmal vorsichtig wenden.

Das paßt dazu: Bratkartoffeln

Mein Tip Sie können das Gericht auch mit frischen Bohnen zubereiten. Achten Sie beim Einkauf darauf, daß die Bohnen wirklich frisch sind. Dann die Butter, etwa 5 Eßlöffel Wasser und die Gewürze gleich zu den Bohnen geben und sie bei 600 Watt in 10 –12 Minuten bißfest garen.

Spinat mit Lammfleisch
Bild nebenstehend

Zutaten für 2 Personen:
400 g Blattspinat · 1 Schalotte · 1 Knoblauchzehe · 150 g Lammfleisch aus der Keule
10 g Butter · 2 Teel. Crème fraîche · Salz
½ Teel. gemahlene Gelbwurz (Kurkuma)
je 1 kräftige Prise Cayennepfeffer, Kreuzkümmel, gemahlener Koriander und Ingwerpulver

Pro Person etwa 1200 kJ/290 kcal
19 g Eiweiß · 22 g Fett · 4 g Kohlenhydrate

- Vorbereitungszeit: etwa 40 Min.
- Garzeit bei:
  Mikrowellenleistung 600 Watt   8 Min.

So wird's gemacht:
1. Den Spinat von allen welken Blättern und den groben Stielen befreien und in stehendem kaltem Wasser mehrmals gründlich waschen. Den Spinat sehr gut abtropfen lassen.

2. Die Schalotte und den Knoblauch schälen und fein hacken. Das Lammfleisch ohne Fett und Sehnen in schmale Streifen schneiden.

3. Die Schalotte und den Knoblauch in eine mikrowellengeeignete Form mit Deckel geben. Die Butter in kleine Stücke schneiden und hinzufügen. Die Mischung offen bei 600 Watt 1 Minute andünsten.

4. Den Spinat hinzufügen und zugedeckt 600 Watt in etwa 3 Minuten zusammenfallen lassen. Zwischendurch einmal gründlich durchrühren.

5. Die Crème fraîche und die Lammstreifen unter den Spinat mischen.

6. Den Spinat mit Salz, dem Gelbwurz, dem Cayennepfeffer, dem Kreuzkümmel, dem Koriander und dem Ingwer abschmecken und alles zugedeckt bei 600 Watt weitere 4 Minuten garen. Nach etwa 2 Minuten einmal durchrühren.

Das paßt dazu: körnig gegarter Reis

Asien in der Mikrowelle: Spinat mit Lammfleisch   ▷
wird indisch mit Kurkuma, Cayennepfeffer, Kreuzkümmel, Koriander und Ingwer abgeschmeckt. Rezept auf dieser Seite.

Blumenkohl mit Schinken und saurer Sahne

Zutaten für 2–3 Personen:
1 Blumenkohl (etwa 800 g) · 5 Eßl. Wasser
Salz · 100 g gekochter Schinken · 1 Bund Petersilie · 150 g saure Sahne · 1 Eßl. Zitronensaft · weißer Pfeffer, frisch gemahlen · 1 Prise Zucker
Bei 3 Personen pro Person etwa 860 kJ/ 200 kcal
15 g Eiweiß · 10 g Fett · 14 g Kohlenhydrate

- Vorbereitungszeit: etwa 15 Min.
- Garzeit bei:
  Mikrowellenleistung 600 Watt   12 Min.

So wird's gemacht:
1. Den Blumenkohl putzen, in die einzelnen Röschen teilen und waschen.
2. Dann in einer mikrowellengeeigneten Form mit Deckel möglichst so anordnen, daß die Stiele nach außen zeigen.
3. Den Blumenkohl mit dem Wasser und Salz zugedeckt bei 600 Watt in etwa 10 Minuten bißfest garen. Zwischendurch einmal gründlich umrühren.

◁ Mit diesem dekorativen Gemüseauflauf mit Sonnenblumenkernen können Sie auch »eingefleischte« Gegner der vegetarischen Küche überzeugen. Das Rezept zu dieser Delikatesse finden Sie auf Seite 34.

4. Inzwischen den Schinken von den Fetträndern befreien und in kleine Würfel schneiden. Die Petersilie waschen, trockenschwenken und ohne die groben Stiele fein hacken.
5. Den Schinken, die Petersilie und die saure Sahne mischen und mit dem Zitronensaft, Salz, Pfeffer und dem Zucker pikant abschmecken.
6. Die Garflüssigkeit vom Blumenkohl abgießen. Die Schinkenmischung gleichmäßig über dem Blumenkohl verteilen und alles zugedeckt weitere 2 Minuten bei 600 Watt erhitzen.

Das paßt dazu: Salz- oder Pellkartoffeln

Für Mikrowellen-Kombinationsgeräte

Champignonquiche mit Speck

Sie können für die Quiche auch Egerlinge oder Austernpilze verwenden. Wenn Sie lieber vegetarisch essen wollen, lassen Sie den Speck weg und nehmen dafür 100 g Pilze mehr.

Zutaten für eine Springform (möglichst aus Schwarzblech) von 28 cm Ø:
Für den Teig: 250 g Mehl · 1 Prise Salz
125 g Butter · 1 Ei · 1–2 Eßl. kaltes Wasser
Für den Belag: 150 g durchwachsener Speck
1 große Zwiebel (etwa 150 g) · 1 Bund Schnittlauch · 500 g Champignons
50 g Bergkäse · 3 Eier · 200 g Sahne · Salz weißer Pfeffer, frisch gemahlen · 1 Prise Muskatnuß, frisch gerieben
Bei 6 Stück pro Stück etwa 2800 kJ/670 kcal
17 g Eiweiß · 52 g Fett · 31 g Kohlenhydrate

- Vorbereitungszeit: etwa 50 Min.
- Ruhezeit : etwa 1 Stunde
- Garzeit bei:

Mikrowellenleistung	600 Watt	5 Min.
Mikrowellenleistung	180 Watt	
mit Umluft	190°	
oder		30 Min.
Mikrowellenleistung	180 Watt	
mit Ober- und	210°	
Unterhitze		
Gesamtgarzeit:		35 Min.

So wird's gemacht:

1. Für den Teig das Mehl mit dem Salz in einer Schüssel mischen. Die Butter in kleine Stücke schneiden und mit dem Ei und dem Wasser zum Mehl geben. Alles mit den Knethaken des Handrührgerätes oder den Händen rasch zu einem glatten, geschmeidigen Teig verkneten.
2. Die Springform mit dem Teig auskleiden. Dabei einen etwa 3 cm hohen Rand formen.
3. Den Teig etwa 1 Stunde kühl stellen.
4. Für den Belag nach etwa 30 Minuten den Speck von Schwarte und Knorpeln befreien und in kleine Würfel schneiden. Die Zwiebel schälen und fein hacken.
5. Den Speck und die Zwiebel in eine feuerfeste, mikrowellengeeignete Form geben und bei 600 Watt offen etwa 5 Minuten ausbraten, bis die Zwiebel glasig ist. Zwischendurch einmal umrühren.
6. Die Mischung eventuell – je nachdem, wie fett der Speck war – in einem Sieb abtropfen lassen.
7. Den Schnittlauch waschen, trockenschwenken und in feine Röllchen schneiden. Die Champignons putzen und eventuell kurz kalt abspülen, dann vierteln oder achteln.
8. Die Pilze und den Schnittlauch mit der Speckmischung vermengen und auf dem Teigboden verteilen.

9. Den Bergkäse fein reiben.
10. Die Eier mit der Sahne und dem Käse gut verquirlen und mit wenig Salz (der Speck ist meist sehr salzig), reichlich Pfeffer und dem Muskat abschmecken.
11. Die Eiersahne über die Pilze gießen.
12. Die Quiche mit dem Rost in die untere Schiene des Gerätes geben und bei Mikrowellenleistung 180 Watt und Umluft 190° etwa 30 Minuten backen, bis die Oberfläche gebräunt ist.
13. Die Quiche 5 Minuten im abgeschalteten Gerät stehenlassen, dann heiß servieren.

Wintergemüse mit Hackfleischklößchen

Mit anderen Gemüsesorten können Sie diesen Eintopf beliebig variieren.

Zutaten für 2 Personen:
1 kleine Zwiebel (etwa 50 g) · ½ Bund Petersilie · 200 g Rinderhackfleisch · 1 Ei · Salz schwarzer Pfeffer, frisch gemahlen · 1 Prise Rosenpaprikapulver · 1 mittelgroße Fenchelknolle (etwa 300 g) · 1 Stück Knollensellerie (etwa 150 g) · 1 Möhre (etwa 60 g) 1 mehlig-festkochende Kartoffel (etwa 150 g) 5 Eßl. Wasser · 1 Eßl. Crème fraîche
Pro Person etwa 1800 kJ/430 kcal
33 g Eiweiß · 22 g Fett · 27 g Kohlenhydrate

- Vorbereitungszeit: etwa 30 Min.
- Garzeit bei:
  Mikrowellenleistung 600 Watt 12 Min.

So wird's gemacht:
1. Die Zwiebel schälen und sehr fein hacken. Die Petersilie waschen, trockenschwenken und

ohne die groben Stiele ebenfalls sehr fein zerkleinern.

2. Das Rinderhackfleisch mit der Zwiebel, der Petersilie und dem Ei verkneten und mit Salz, Pfeffer und dem Paprikapulver abschmecken. Aus dem Fleischteig mit angefeuchteten Händen walnußgroße Klößchen formen und zugedeckt beiseite stellen.

3. Von dem Fenchel das zarte Grün abschneiden. Die Knolle putzen und waschen. Den Fenchel längs halbieren, von dem Strunk in der Mitte befreien und in schmale Streifen schneiden. Den Sellerie, die Möhre und die Kartoffel schälen, waschen und in etwa 1 cm große Würfel schneiden. Das Fenchelgrün waschen, abtrocknen und fein hacken.

4. Das Gemüse mit dem Fenchelgrün und dem Wasser in einer mikrowellengeeigneten Form mit Deckel mischen und mit Salz und Pfeffer würzen.

5. Das Gemüse bei 600 Watt zugedeckt in etwa 8 Minuten bißfest garen, zwischendurch einmal durchrühren.

6. Die Crème fraîche unter das Gemüse rühren und alles noch einmal mit Salz und Pfeffer abschmecken. Die Hackfleischklößchen auf dem Gemüse verteilen.

7. Alles zugedeckt für weitere 4 Minuten bei 600 Watt in die Mikrowelle stellen. Die Klößchen dabei nach der Hälfte der Zeit wenden.

Das paßt dazu: körnig gegarter Bulgur (vorbehandelter Weizen)

Für Mikrowellen-Kombinationsgeräte

Auberginen mit Hackfleischfüllung

Zutaten für 2 Personen:
300 g Tomaten · 1 Zwiebel (etwa 100 g)
1 Knoblauchzehe · ½ grüne frische Pfefferschote · ½ Bund Pfefferminze oder Petersilie
1 Aubergine (etwa 400 g) · 250 g gemischtes Hackfleisch · Salz · 2 Eßl. kaltgepreßtes Olivenöl · 1 Eßl. trockener Weißwein
40 g Parmesan, frisch gerieben · 1 Eßl. Semmelbrösel
Pro Person etwa 2500 kJ/600 kcal
38 g Eiweiß · 39 g Fett · 20 g Kohlenhydrate

- Vorbereitungszeit: etwa 35 Min.
- Garzeit bei:

Mikrowellenleistung 600 Watt		3 Min.
Mikrowellenleistung 360 Watt mit Umluft 200°		
oder		15 Min.
Mikrowellenleistung 360 Watt mit Ober- und Unterhitze 220°		
Gesamtgarzeit:		18 Min.

So wird's gemacht:
1. Die Tomaten mit kochendem Wasser überbrühen, kurz darin ziehen lassen, kalt abschrecken und häuten. Die Tomaten klein würfeln, dabei die Stielansätze entfernen. Die Zwiebel und den Knoblauch schälen und fein hacken. Die Pfefferschote vom Stielansatz und allen Kernen befreien, waschen und ebenfalls sehr klein hacken. Die Pfefferminze oder die Petersilie waschen und trockenschwenken. Die Blättchen von den Stielen zupfen und in schmale Streifen schneiden.

2. Die Aubergine waschen, abtrocknen und den Stielansatz abschneiden. Die Aubergine längs durchschneiden und das Fruchtfleisch bis auf einen Rand von etwa 1 cm mit einem Teelöffel herauslösen. Das ausgelöste Fruchtfleisch fein hacken.

3. Das Hackfleisch mit dem gehackten Auberginenfleisch, der Hälfte der Tomaten, der Zwiebel, dem Knoblauch, der Pfefferschote und der Pfefferminze oder der Petersilie mischen und mit Salz abschmecken.

4. Die Auberginenhälften mit Salz würzen und mit dem Olivenöl ausstreichen.

5. In einer mikrowellengeeigneten Form bei 600 Watt offen 3 Minuten vorgaren.

6. Die Auberginenhälften dann mit der Hackfleischmasse füllen.

7. Die restlichen Tomaten mit dem Weißwein und eventuell übriggebliebener Füllung mischen und in eine feuerfeste Form oder in die Fettpfanne des Gerätes geben. Die Auberginen darauf setzen.

8. Den Parmesan mit den Semmelbröseln mischen und auf die Füllung streuen.

9. Das gefüllte Gemüse mit dem Rost in die mittlere Schiene des Gerätes geben und bei Mikrowellenleistung 360 Watt und Umluft 200° etwa 15 Minuten garen, bis es schön gebräunt ist.

10. Die Auberginen noch einige Minuten im abgeschalteten Gerät stehenlassen, dann servieren.

Das paßt dazu: Kartoffeln und Salat

Für Mikrowellen-Kombinationsgeräte

Spinatlasagne mit Kalbfleisch

Zutaten für 3 Personen:
500 g Blattspinat · 1 Knoblauchzehe
2 Tomaten (etwa 250 g) · einige Zweige
frischer Estragon, ersatzweise Basilikum
1 Kalbsschnitzel (etwa 150 g) · Salz · weißer
Pfeffer, frisch gemahlen · 200 g Crème
fraîche · 1 Eßl. Zitronensaft · 100 g Parmesan, frisch gerieben · etwa 8 weiße oder grüne Lasagneblätter (ohne Vorkochen verwendbar) · 150 g Mozzarella
Pro Person etwa 3000 kJ/710 kcal
43 g Eiweiß · 46 g Fett · 30 g Kohlenhydrate

- Vorbereitungszeit: etwa 45 Min.
- Garzeit bei:
  Mikrowellenleistung 360 Watt
  mit Umluft   200°
  oder   } 18 Min.
  Mikrowellenleistung 360 Watt
  mit Ober- und   220°
  Unterhitze

So wird's gemacht:
1. Den Spinat von welken Blättern und den groben Stielen befreien und in stehendem kaltem Wasser mehrmals gründlich waschen. Den Spinat in der Salatschleuder trockenschleudern oder gut abtropfen lassen, dann grob hacken und in eine Schüssel geben.

2. Den Knoblauch schälen und durch die Knoblauchpresse zum Spinat drücken. Die Tomaten mit kochendem Wasser überbrühen, kurz darin ziehen lassen, kalt abschrecken und häuten. Die Tomaten in kleine Würfel schneiden, dabei die Stielansätze entfernen.

Den Estragon oder das Basilikum waschen, trockenschütteln und ohne die groben Stiele fein hacken. Das Kalbsschnitzel kalt abspülen, trockentupfen und in kleine Würfel schneiden.

3. Die Tomaten, den Estragon oder das Basilikum und die Fleischwürfel unter den Spinat mischen und alles mit Salz und Pfeffer kräftig würzen.

4. Die Crème fraîche mit dem Zitronensaft und der Hälfte des Parmesans mischen und pfeffern.

5. Eine feuerfeste längliche Form mit etwas Sauce ausgießen. Mit Lasagneblättern und etwas Spinatmasse bedecken. Wieder etwas Sauce darüber verteilen. Die Zutaten auf diese Weise in die Form schichten. Die letzte Schicht sollte aus Lasagneblättern bestehen.

6. Den Mozzarella abtropfen lassen und klein würfeln, dann mit dem restlichen Parmesan auf der Lasagne verteilen.

7. Die Lasagne mit dem Rost in die untere Schiene des Gerätes geben und bei Mikrowellenleistung 360 Watt und Umluft 200° etwa 18 Minuten garen, bis die Nudelblätter weich sind und die Oberfläche der Lasagne gebräunt ist.

8. Die Lasagne noch weitere 5 Minuten im abgeschalteten Gerät stehenlassen, dann servieren.

Das paßt dazu: gemischter Salat mit der Haselnußvinaigrette von Seite 10

Mein Tip Fleisch gerät seit einigen Jahren immer mehr in Verruf. Zahlreiche Meldungen wie zuletzt der »Kalbfleischskandal« führten dazu, daß einige von uns den Appetit auf Fleisch verloren haben. Deshalb sollte man Fleisch »bewußter« einkaufen. Denn nicht zuletzt ist die Massenproduktion von Fleisch auch eine Folge der Verbraucherwünsche: Also viel Fleisch so billig wie möglich und so mager wie möglich. Scheuen Sie sich nicht, Ihren Metzger zu fragen, woher er das Fleisch bezieht und wie die Tiere dort gehalten werden. Ein guter Metzger wird Ihnen diese Fragen sicher gern beantworten. Noch besser wäre es, Sie kaufen das Fleisch direkt bei einem Bauern, wo Sie auch die Ställe besichtigen können, oder bei einem Bio-Metzger, wenn Sie einen in Ihrer Nähe haben.

Vegetarische Gemüsegerichte

Für Mikrowellen-Kombinationsgeräte

Gemüseauflauf mit Sonnenblumenkernen
Bild Seite 28

Zutaten für 3 Personen:
1 kleine Kohlrabiknolle (etwa 180 g)
150 g junge Möhren · 150 g junge Zucchini
150 g Tomaten · 1 Bund Petersilie · Salz
schwarzer Pfeffer, frisch gemahlen · 3 Eier
5 Eßl. Sahne (75 g) · 50 g Parmesan,
frisch gerieben · 50 g Sonnenblumenkerne
1 Teel. Butter
Pro Person etwa 1600 kJ/380 kcal
21 g Eiweiß · 29 g Fett · 11 g Kohlenhydrate

- Vorbereitungszeit: etwa 40 Min.
- Garzeit bei:
  Mikrowellenleistung 360 Watt
  mit Umluft   200°
  oder   } 20 Min.
  Mikrowellenleistung 360 Watt
  mit Ober- und   220°
  Unterhitze

So wird's gemacht:
1. Den Kohlrabi schälen, waschen, von allen holzigen Stellen befreien und in dünne Stifte schneiden. Die zarten Blättchen vom Kohlrabi waschen, trockentupfen, in schmale Streifen schneiden und beiseite legen. Die Möhren ebenfalls schälen, waschen und grob würfeln. Die Zucchini von Stiel- und Blütenansätzen befreien, waschen, abtrocknen und in Stifte von etwa 1 cm Dicke schneiden. Die Tomaten mit kochendem Wasser überbrühen, kurz darin ziehen lassen, kalt abschrecken und häuten. Die Tomaten in kleine Würfel schneiden, dabei die Stielansätze entfernen. Die

Petersilie waschen, trockenschwenken und ohne die groben Stiele fein hacken.
2. Alle diese vorbereiteten Zutaten miteinander mischen und mit Salz und Pfeffer würzen.
3. Die Eier trennen.
4. Die Eigelbe mit der Sahne und dem Parmesan verquirlen und mit der Gemüsemischung vermengen.
5. Die Eiweiße mit 1 Prise Salz zu steifem Schnee schlagen und mit einem Schneebesen vorsichtig unter die Gemüsemischung heben.
6. Die Gemüsemasse in eine feuerfeste, längliche Form füllen und mit den Sonnenblumenkernen bestreuen. Die Butter in winzige Stücke schneiden und darauf verteilen.
7. Den Gemüseauflauf mit dem Rost in die mittlere Schiene des Gerätes geben und bei Mikrowellenleistung 360 Watt und Umluft 200° etwa 20 Minuten garen, bis das Gemüse weich und die Oberfläche schön gebräunt ist.
8. Den Auflauf weitere 5 Minuten im abgeschalteten Gerät stehenlassen, dann mit dem Kohlrabigrün bestreut servieren.

Gemüse-Kartoffel-Curry

Zutaten für 3 Personen:
1 mehlig-festkochende Kartoffel (etwa 150 g)
1 dünne Stange Lauch (etwa 150 g) · 1 rote
Paprikaschote (etwa 150 g) · 150 g junge
Möhren · 1 Tomate (etwa 150 g) · ½ grüne
frische Pfefferschote · 1 Schalotte · 1 Knoblauchzehe · je ¼ Teel. Gelbwurz (Kurkuma)
Kreuzkümmel, gemahlener Koriander und
Ingwerpulver · je 1 kräftige Prise Cayennepfeffer und Zimtpulver · Salz · 1 Eßl. Sonnenblumenöl · 3–4 Eßl. Wasser
½ Bund Petersilie

Pro Person etwa 560 kJ/130 kcal
4 g Eiweiß · 6 g Fett · 17 g Kohlenhydrate

• Vorbereitungszeit: etwa 40 Min.
• Garzeit bei:
  Mikrowellenleistung 600 Watt   12 Min.

So wird's gemacht:
1. Die Kartoffel schälen, waschen und klein
würfeln. Den Lauch putzen, gründlich kalt
abspülen und mit etwa zwei Dritteln des
zarten Grüns in feine Ringe schneiden. Die
Paprikaschote waschen und vierteln. Den
Stielansatz und die Trennwände mit den
Kernen entfernen und die Schotenviertel in
Streifen schneiden. Die Möhren schälen,
waschen und in kleine Würfel zerteilen. Die
Tomate mit kochendem Wasser überbrühen,
kurz darin ziehen lassen, kalt abschrecken
und häuten. Die Tomate klein würfeln, dabei
die Stielansätze entfernen.

Tomaten zu enthäuten ist ganz einfach. Nach dem
Überbrühen mit kochendem Wasser läßt sich die
Haut leicht abziehen.

2. Die halbe Pfefferschote vom Stielansatz
und allen Kernen befreien. Die Schote kalt
abspülen und in schmale Streifen schneiden.
Die Schalotte und die Knoblauchzehe schälen
und sehr fein hacken.

3. Die Gelbwurz, den Kreuzkümmel, den
Koriander, den Ingwer, den Cayennepfeffer
und den Zimt mit Salz in einem Schälchen
mischen.
4. Die Pfefferschote, die Schalotte und den
Knoblauch mit dem Öl in eine mikrowellengeeignete Form mit Deckel geben und offen
bei 600 Watt etwa 1 Minute andünsten.
5. Die Gewürzmischung und das Wasser
hinzufügen. Die Kartoffel, den Lauch und die
Möhren daruntermischen.
6. Das Gemüse zugedeckt bei 600 Watt
etwa 5 Minuten dünsten. Zwischendurch
einmal durchrühren.
7. Dann die Paprikaschote und die Tomatenwürfel unter das Gemüse in der Form rühren
und alles weitere 6 Minuten garen, bis das
Gemüse bißfest ist. Zwischendurch einmal
gründlich durchrühren.
8. Inzwischen die Petersilie waschen, trockenschwenken und ohne die groben Stiele sehr
fein hacken.
9. Das Gemüsecurry eventuell noch mit etwas
Salz abschmecken, dann mit der Petersilie
bestreut servieren.

Das paßt dazu: körnig gegarter Reis

Wirsingröllchen mit Gemüsefüllung
Bild Seite 37

Zutaten für 2 Personen:
2 kleine Zucchini (etwa 200 g) · 1 junge
Möhre (etwa 60 g) · 1 dünne Stange Lauch
(etwa 120 g) · 3–4 Zweige frische Pfeffermin-
ze oder Zitronenmelisse · 1 Knoblauchzehe
150 g Mozzarella · 30 g Sonnenblumenkerne

Salz · weißer Pfeffer, frisch gemahlen
1 kräftige Prise Cayennepfeffer · 4 große
Blätter Wirsing (etwa 150 g) · 100 g Sahne
1 Eßl. trockener Sherry · ½ Döschen gemahle-
ner Safran
Pro Person etwa 2100 kJ/500 kcal
26 g Eiweiß · 36 g Fett · 14 g Kohlenhydrate

* Vorbereitungszeit: etwa 35 Min.
* Garzeit bei:
  Mikrowellenleistung 600 Watt   18 Min.

So wird's gemacht:
1. Die Zucchini von den Stiel- und Blütenansätzen befreien, waschen, abtrocknen und in
kleine Würfel schneiden. Die Möhre schälen
und ebenfalls klein würfeln. Den Lauch putzen, kalt abspülen und mit zwei Dritteln des
zarten Grüns in feine Ringe schneiden.
2. Das Gemüse in einer Schüssel mischen.
3. Die Pfefferminze oder die Zitronenmelisse
waschen und trockentupfen. Die Blättchen von
den Stielen zupfen und in schmale Streifen
schneiden. Die Knoblauchzehe schälen und
fein hacken. Den Mozzarella abtropfen lassen
und klein würfeln.
4. Die Pfefferminze oder die Zitronenmelisse,
den Knoblauch, den Mozzarella und die Sonnenblumenkerne zu dem Gemüse geben und
alles mit Salz, Pfeffer und dem Cayennepfeffer
pikant abschmecken.
5. Die Wirsingblätter waschen und die dicken
Blattrippen etwas flacher schneiden.
6. Die Wirsingblätter nacheinander tropfnaß
in eine mikrowellengeeignete Form mit Deckel
geben und jeweils zugedeckt bei 600 Watt
1 Minute garen, damit sie sich aufrollen
lassen.
7. Die Wirsingblätter auf der Arbeitsfläche
ausbreiten und jeweils mit Füllung belegen.
8. Die Blätter an den Längsseiten etwas über

der Füllung einschlagen, dann zu Päckchen
aufrollen. Die Päckchen mit Küchengarn zu-
sammenbinden.
9. Die Sahne mit dem Sherry und dem Safran
in einer mikrowellengeeigneten Form mit
Deckel verrühren. Die Form muß so groß sein,
daß die Wirsingröllchen nebeneinander darin
Platz haben.
10. Die Sauce mit Salz abschmecken und die
Röllchen hineinlegen.
11. Die Wirsingröllchen zugedeckt bei
600 Watt etwa 14 Minuten garen, bis sie
bißfest sind. Zwischendurch einmal vorsichtig
wenden.
12. Die Wirsingröllchen kurz zugedeckt stehenlassen, dann servieren.

Das paßt dazu: Salzkartoffeln

Ganz leicht und unkompliziert gelingen Ihnen ▷
Wirsingröllchen mit Gemüsefüllung mit Hilfe
unserer »Fotoserie«. Von links nach rechts: Alle
Zutaten für die Füllung mischen und würzen.
Die Wirsingblätter kurz blanchieren; dann ausbreiten,
füllen und zu Päckchen binden. Sahne, Sherry und
Safran in der Form verrühren und die Röllchen in
der »schnellen Welle« garen. Mit Salzkartoffeln ein
sehr gesundes Eßvergnügen. Rezept Seite 35/36.

Für Mikrowellen-Kombinationsgeräte

Zucchinisoufflé
mit roher Tomatensauce
Bild Seite 38

Dieses Gericht schmeckt vor allem im Sommer, wenn es sonnengereifte Tomaten zu kaufen gibt. Die Sauce wird dann besonders aromatisch.

Zutaten für 4 Personen:
Für die Sauce: 500 g Tomaten · 1 Knoblauch-
zehe · ½ Bund Basilikum · 2 Teel. kalt-
gepreßtes Olivenöl · Salz · weißer Pfeffer,
frisch gemahlen · 1 kräftige Prise Cayenne-
pfeffer
Für das Soufflé: 400 g junge Zucchini
1 Bund frischer Thymian · 1 Eßl. Zitronensaft
Salz · weißer Pfeffer, frisch gemahlen
25 g Butter · 25 g Mehl · 200 ccm Milch
3 Eier · 2–3 Eßl. Parmesan, frisch gerieben
Für die Form: etwas Butter
Pro Person etwa 1100 kJ/260 kcal
13 g Eiweiß · 16 g Fett · 14 g Kohlenhydrate

◁ Zucchinisoufflé mit roher Tomatensauce:
Die Fotos (von links nach rechts) zeigen Ihnen die wichtigsten Schritte. Die gehäuteten Tomaten in kleine Würfel schneiden, mit Knoblauch, Basilikum, Öl und Gewürzen zu einer pikanten Sauce verrühren. Die Zucchini fein raspeln. Aus Butter, Mehl und Milch eine dicke weiße Sauce herstellen und unter die Raspel mischen. Die übrigen Zutaten einrühren und zuletzt steifgeschlagenes Eiweiß unterheben. Die kalte fruchtige Sauce paßt ausgezeichnet zu dem heißen luftigen Soufflé. Rezept auf dieser Seite.

- Vorbereitungszeit: etwa 1 Stunde
- Garzeit:

Mikrowellenleistung	600 Watt	1 Min.
Mikrowellenleistung	360 Watt	3 Min.
Mikrowellenleistung mit Umluft	360 Watt 200°	
oder		15 Min.
Mikrowellenleistung mit Ober- und Unterhitze	360 Watt 200°	
Gesamtgarzeit:		19 Min.

So wird's gemacht:
1. Für die Sauce die Tomaten mit kochendheißem Wasser überbrühen, kurz darin ziehen lassen, anschließend kalt abschrecken und häuten. Danach die Tomaten in winzige Würfel schneiden, dabei die Stielansätze entfernen. Die Knoblauchzehe schälen und durch die Knoblauchpresse drücken. Das Basilikum waschen, trockenschwenken, die Blättchen von den Stielen zupfen und in schmale Streifen schneiden.
2. Die Tomaten mit dem Knoblauch, dem Basilikum und dem Öl in einer Schüssel mischen und mit Salz, Pfeffer und dem Cayennepfeffer pikant abschmecken.
3. Die Tomatensauce bis zum Servieren zugedeckt in den Kühlschrank stellen.
4. Für das Soufflé die Zucchini von den Stiel- und Blütenansätzen befreien, waschen und abtrocknen. Die Zucchini dann auf der Rohkostreibe fein raspeln. Den Thymian waschen, trockenschwenken und die Blättchen von den Stielen streifen.
5. Die Zucchiniraspel mit dem Thymian und dem Zitronensaft mischen und mit Salz und Pfeffer würzen.
6. Die Butter in eine mikrowellengeeignete, höhere Form geben und bei 600 Watt offen in etwa 1 Minute schmelzen lassen.

7. Zuerst das Mehl mit einem Schneebesen, dann nach und nach die Milch gründlich unterrühren.
8. Die Sauce bei 360 Watt offen in etwa 3 Minuten dicklich einkochen lassen; zwischendurch einmal gründlich durchrühren.
9. Dann mit Salz und Pfeffer abschmecken.
10. Die Eier trennen.
11. Die Eigelbe mit den Zucchiniraspeln und dem Parmesan mischen. Die weiße Sauce ebenfalls untermischen.
12. Die Eiweiße steif schlagen und mit einem Schneebesen unter die Zucchinimasse heben.
13. Eine mikrowellengeeignete Souffléform von etwa 1½ Liter Inhalt nur am Boden mit etwas Butter ausstreichen. Die Zucchinimasse einfüllen.
14. Das Zucchinisoufflé mit dem Rost in die untere Schiene des Gerätes geben und bei Mikrowellenleistung 360 Watt und Umluft 200° etwa 15 Minuten backen, bis es aufgegangen und schön gebräunt ist.
15. Das Soufflé heiß mit der kalten Tomatensauce servieren.

Für Mikrowellen-Kombinationsgeräte

Blumenkohlquiche mit Walnüssen

Quiches und Kuchen, die im Mikrowellen-Kombinationsgerät gebacken werden, gelingen am besten in Backformen aus Schwarzblech.

Zutaten für eine Springform (möglichst aus Schwarzblech) von 26 cm Ø:
Für den Teig: 250 g Weizenvollkornmehl
1 Prise Salz · 125 g Butter · 1 Ei

etwa 3 Eßl. kaltes Wasser
Für den Belag: 1 Blumenkohl (etwa 800 g)
100 g Bergkäse oder Emmentaler
100 g Walnußkerne · ½ Bund Petersilie
3 Eier · 250 g Sahne · Salz · schwarzer
Pfeffer, frisch gemahlen · Muskatnuß, frisch
gerieben · 4 Eßl. Wasser
Bei 6 Stück pro Stück etwa 2800 kJ/670 kcal
21 g Eiweiß · 51 g Fett · 33 g Kohlenhydrate

- Vorbereitungszeit: etwa 45 Min.
- Ruhezeit: etwa 1 Stunde
- Garzeit bei:

Mikrowellenleistung	600 Watt	5 Min.
Mikrowellenleistung mit Umluft	180 Watt 190°	
oder		30 Min.
Mikrowellenleistung mit Ober- und Unterhitze	180 Watt 210°	
Gesamtgarzeit:		35 Min.

So wird's gemacht:
1. Für den Teig das Mehl mit dem Salz in einer Schüssel mischen. Die Butter in kleine Stücke schneiden und mit dem Ei und dem Wasser zu der Mehlmischung geben. Alles rasch zu einem glatten, geschmeidigen Mürbeteig verkneten.
2. Die Springform mit dem Teig auskleiden. Dabei einen Rand von etwa 3 cm Höhe formen.
3. Den Teig etwa 1 Stunde kühl stellen.
4. Für den Belag nach der Hälfte der Zeit den Blumenkohl putzen, gründlich waschen und in Röschen teilen. Den Käse fein reiben. Die Walnußkerne mit einem großen schweren Messer oder im Zwiebelhacker grob zerkleinern. Die Petersilie waschen, trockenschwenken und ohne die groben Stiele sehr fein hacken.

5. Die Eier mit dem Käse, der Petersilie und der Sahne verquirlen und mit Salz, Pfeffer und Muskat pikant abschmecken.
6. Den Blumenkohl mit dem Wasser und Salz in einer mikrowellengeeigneten Form mit Deckel mischen.
7. Dann zugedeckt bei 600 Watt etwa 5 Minuten vorgaren. Zwischendurch einmal umrühren.
8. Die Blumenkohlröschen abtropfen lassen und mit den Walnüssen auf dem Teigboden verteilen. Die Eiersahne darüber gießen.
9. Die Quiche mit dem Rost in die mittlere Schiene des Gerätes geben und bei Mikrowellenleistung 180 Watt und Umluft 190° etwa 30 Minuten backen, bis die Oberfläche schön braun ist.
10. Die Quiche weitere 5 Minuten im abgeschalteten Gerät stehenlassen, dann servieren.

Mit einem großen schweren Messer lassen sich die Walnußkerne ganz leicht hacken.

Für Mikrowellen-Kombinationsgeräte

Rote-Bete-Kartoffel-Gratin

Zutaten für 2 Personen:
2 rote Beten (etwa 400 g) · 400 g mehlig-festkochende Kartoffeln · 1 Knoblauchzehe Salz · 1 gestrichener Teel. gemahlener Koriander · 80 g Bergkäse · 100 g Sahne
Pro Person etwa 2200 kJ/520 kcal
20 g Eiweiß · 28 g Fett · 50 g Kohlenhydrate

• Vorbereitungszeit: etwa 30 Min.
• Garzeit bei:

Mikrowellenleistung 360 Watt mit Umluft	200°	
oder		22 Min.
Mikrowellenleistung 360 Watt mit Ober- und Unterhitze	220°	

So wird's gemacht:
1. Die roten Beten und die Kartoffeln schälen und waschen, dann getrennt mit dem Gurkenhobel in feine Scheiben hobeln. Die Knoblauchzehe schälen und ebenfalls in dünne Scheiben schneiden.
2. Die Kartoffeln und die roten Beten lagenweise in eine flache, feuerfeste Form schichten. Dabei die Kartoffeln mit Salz und den Knoblauchscheiben, die roten Beten mit Salz und dem Koriander würzen.
3. Den Käse fein reiben und auf die Oberfläche des Gratins streuen. Die Sahne seitlich angießen.
4. Das Gratin mit dem Rost in die untere Schiene des Gerätes geben und bei Mikrowellenleistung 360 Watt und Umluft 200° etwa 22 Minuten backen, bis es knusprig ist.
5. Das Gratin 5 Minuten im abgeschalteten Gerät stehenlassen. Dann servieren.

Sahnekartoffeln mit Steinpilzen

Statt getrockneten Steinpilzen können Sie für dieses Gericht auch Spitzmorcheln oder frische Champignons verwenden.

Zutaten für 2 Personen:
20 g getrocknete Steinpilze · 500 g mehlig-festkochende Kartoffeln · 1 Zwiebel (etwa 60 g) · 20 g Butter · 5 Eßl. Sahne (75 g) Salz · weißer Pfeffer, frisch gemahlen 1 Prise Muskatnuß, frisch gerieben · 1 Hand-voll frischer Kerbel
Pro Person etwa 1700 kJ/400 kcal
9 g Eiweiß · 21 g Fett · 47 g Kohlenhydrate

- Einweichzeit: 6 Stunden
- Vorbereitungszeit: etwa 20 Min.
- Garzeit bei:
  Mikrowellenleistung 600 Watt   12 Min.

So wird's gemacht:
1. Die Steinpilze in einer kleinen Schüssel mit ⅛ l lauwarmem Wasser bedecken und zuge-deckt etwa 6 Stunden quellen lassen.
2. Die Pilze dann in einem Sieb abtropfen lassen. Das Einweichwasser dabei auffangen. Die Pilze in Streifen schneiden.
3. Die Kartoffeln schälen, waschen und in gleich große Würfel schneiden. Die Zwiebel schälen und fein hacken.
4. Die Zwiebel und die Pilze in eine mikro-wellengeeignete Form mit Deckel geben. Die Butter in kleine Stücke teilen und hinzufügen.
5. Die Zwiebel-Pilzmischung offen bei 600 Watt etwa 2 Minuten andünsten. Zwi-schendurch einmal durchrühren.
6. Dann 2 Eßlöffel vom Einweichwasser der Pilze (die restliche Flüssigkeit beispielsweise für eine Suppe oder Sauce verwenden), die Kartoffeln und die Sahne dazugeben. Die Mischung mit Salz, Pfeffer und dem Muskat abschmecken und zugedeckt bei 600 Watt in etwa 10 Minuten weich garen.
7. Inzwischen den Kerbel waschen, trocken-schwenken und ohne die groben Stiele sehr fein hacken.
8. Nach der Hälfte der Garzeit die Kartoffeln durchrühren und den Kerbel untermischen.
9. Die Kartoffeln noch einmal mit Salz und Pfeffer abschmecken, dann servieren.

Chicorée mit Sauce hollandaise

Zutaten für 3 Personen:
600 g möglichst gleich große Chicoréestau-den · 1 Bund Petersilie · Salz · weißer Pfeffer, frisch gemahlen · 2 Eßl. Gemüsebrühe (Rezept Seite 14) oder Wasser · 100 g Butter 2 Eigelb · 2 Eßl. lauwarmes Wasser · 1 Teel. Zitronensaft · Cayennepfeffer
Pro Person etwa 2200 kJ/520 kcal
14 g Eiweiß · 49 g Fett · 4 g Kohlenhydrate

- Vorbereitungszeit: etwa 20 Min.
- Garzeit bei:
  Mikrowellenleistung 600 Watt   10 Min.
  Mikrowellenleistung 360 Watt   2 Min.
  Gesamtgarzeit: 12 Min.

So wird's gemacht:
1. Die Chicoréestauden waschen und längs halbieren. Den Strunk keilförmig heraus-schneiden. Die Petersilie waschen, trocken-schwenken und ohne die groben Stiele sehr fein hacken.

2. Einen Teil der Petersilie zum Bestreuen beiseite legen. Die restliche Petersilie mit dem Chicorée, Salz, Pfeffer und der Gemüsebrühe oder dem Wasser in eine mikrowellengeeignete Form mit Deckel geben.

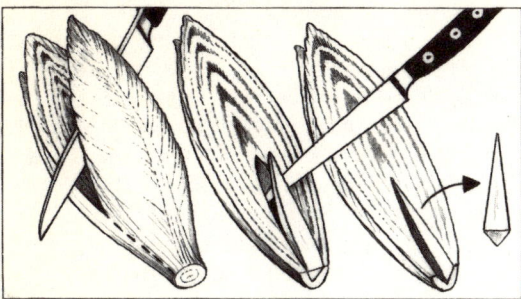

Den Chicorée gründlich waschen und längs halbieren. Den bitteren Strunk wie einen Keil herausschneiden.

3. Den Chicorée zugedeckt bei 600 Watt etwa 8 Minuten garen, bis er weich ist. Zwischendurch die Stauden einmal wenden.
4. Den gegarten Chicorée aus dem Gerät nehmen und zugedeckt stehenlassen.
5. Für die Sauce hollandaise die Butter in einer mikrowellengeeigneten Form bei 600 Watt offen in etwa 2 Minuten schmelzen lassen.
6. Inzwischen die Eigelbe mit dem Wasser sehr schaumig schlagen.
7. Die flüssige Butter in einem dünnen Strahl unter ständigem Rühren in die Eigelbcreme fließen lassen.
8. Die Sauce bei 360 Watt offen in etwa 2 Minuten dickflüssig werden lassen.
9. Die Sauce mit dem Schneebesen kräftig durchschlagen, dann mit Salz, dem Zitronensaft und 1 kräftigen Prise Cayennepfeffer abschmecken.

10. Den Chicorée aus der Form heben und auf einer vorgewärmten Platte anrichten. Die restliche Petersilie darüber streuen. Die Sauce hollandaise getrennt dazu servieren.

Das paßt dazu: Salzkartoffeln

Paprikaschoten mit Champignonfüllung

Zutaten für 2 Personen:
400 g Tomaten · 2 gleich große grüne Paprikaschoten (etwa 400 g) · 2 Scheiben Vollkornbrot (etwa 100 g) · 1 Schalotte 1 Knoblauchzehe · 150 g Champignons 1 Bund Petersilie · 30 g Parmesan, frisch gerieben · Salz · weißer Pfeffer, frisch gemahlen · 1 Prise Zucker · 1 Eßl. Crème fraîche
Pro Person etwa 1300 kJ/310 kcal
17 g Eiweiß · 10 g Fett · 41 g Kohlenhydrate

* Vorbereitungszeit: etwa 45 Min.
* Garzeit bei:
  Mikrowellenleistung 600 Watt   17 Min.

So wird's gemacht:
1. Die Tomaten mit kochendem Wasser überbrühen, kurz darin ziehen lassen, kalt abschrecken und ohne die Stielansätze in sehr kleine Würfel schneiden. Die Paprikaschoten waschen, abtrocknen und längs halbieren. Die Stielansätze und die Trennwände mit den Kernen entfernen. Das Vollkornbrot in kleine Krümel teilen. Die Schalotte und die Knoblauchzehe schälen und fein hacken. Die Champignons putzen und eventuell kurz kalt abspülen, dann in kleine Würfel schneiden.

Die Petersilie waschen, trockenschwenken und ohne die groben Stiele fein hacken.
2. Die Pilze mit dem Brot, der Petersilie, der Schalotte, dem Knoblauch, 1 Eßlöffel der Tomaten und dem Parmesan mischen. Die Masse mit Salz und Pfeffer abschmecken.
3. Die restlichen Tomaten in eine mikrowellengeeignete Form mit Deckel geben und mit Salz, Pfeffer und dem Zucker würzen.
4. Die Paprikaschoten mit der Pilzmasse füllen und in die Tomatensauce legen.
5. Die Paprikaschoten zugedeckt bei 600 Watt etwa 15 Minuten garen, bis das Gemüse bißfest ist. Die Schoten dabei einmal in der Form drehen.
6. Die gegarten Paprikaschoten aus der Sauce heben und zugedeckt beiseite stellen.
7. Die Crème fraîche unter die Tomatensauce mischen, die Sauce noch einmal mit Salz und Pfeffer nachwürzen, dann offen bei 600 Watt etwa 2 Minuten einkochen lassen.
8. Die Tomatensauce zu den Paprikaschoten servieren.

Ratatouille

Diese Spezialität aus Südfrankreich gelingt in der Mikrowelle besonders gut und schnell.

Zutaten für 3 Personen:
2 schlanke Auberginen (insgesamt etwa 250 g) · 250 g junge Zucchini · je 1 kleine gelbe und rote Paprikaschote (etwa 200 g) 250 g Tomaten · 1 Zwiebel (etwa 80 g) 1–2 Knoblauchzehen · einige Zweige frischer Thymian · einige Rosmarinnadeln · einige Blätter frischer Salbei · 3 Eßl. kaltgepreßtes Olivenöl · 1 Lorbeerblatt · Salz · weißer Pfeffer, frisch gemahlen · 1 Prise Zucker

Pro Person etwa 660 kJ/160 kcal
5 g Eiweiß · 9 g Fett · 15 g Kohlenhydrate

- Vorbereitungszeit: etwa 30 Min.
- Garzeit bei:
  Mikrowellenleistung 600 Watt   12 Min.

So wird's gemacht:
1. Die Auberginen von den Stielansätzen befreien, waschen, abtrocknen und in Würfel schneiden. Von den Zucchini die Blüten- und die Stielansätze entfernen. Die Zucchini waschen und in Scheiben schneiden. Die Paprikaschote putzen, waschen und längs vierteln. Die Trennwände mit den Kernen herauslösen, die Schoten in Streifen schneiden. Die Tomaten mit kochendem Wasser überbrühen, kurz darin ziehen lassen, kalt abschrecken und häuten. Die Tomaten klein würfeln, die Stielansätze entfernen. Die Zwiebel und die Knoblauchzehen schälen und fein hacken. Die Kräuter waschen und trockenschwenken. Die Thymianblättchen von den Stielen streifen. Die Rosmarinnadeln und den Salbei zerkleinern.
2. Die Auberginenwürfel mit dem Olivenöl in einer mikrowellengeeigneten Form mit Deckel mischen und offen bei 600 Watt etwa 2 Minuten andünsten. Zwischendurch einmal durchrühren.
3. Das restliche Gemüse, das Lorbeerblatt, die Kräuter, die Zwiebel und den Knoblauch dazugeben. Das Gemüse mit Salz, Pfeffer und dem Zucker abschmecken und zugedeckt bei 600 Watt in etwa 10 Minuten bißfest garen. Nach 5 Minuten einmal gründlich durchrühren.
4. Das Lorbeerblatt aus dem Gemüse entfernen und das Gemüse servieren.

Das paßt dazu: körnig gegarter Reis oder einfach Stangenweißbrot

Gemüse als Beilage

Broccoli mit Mandelstiften

Zutaten für 3 Personen:
300 g tiefgefrorener Broccoli · 2 Eßl. Wasser
Salz · 20 g Mandelstifte · 20 g Butter
Pro Person etwa 480 kJ/110 kcal
5 g Eiweiß · 9 g Fett · 3 g Kohlenhydrate

- Zubereitungszeit:
  Mikrowellenleistung 180 Watt   3 Min.
  Mikrowellenleistung 600 Watt   9 Min.
  Gesamtgarzeit: 12 Min.

So wird's gemacht:
1. Den Broccoli in eine mikrowellengeeignete Form mit Deckel geben und offen bei
180 Watt 3 Minuten antauen.
2. Die Röschen dann voneinander lösen,
das Wasser und Salz dazugeben und den
Broccoli zugedeckt bei 600 Watt in etwa
7 Minuten bißfest garen. Zwischendurch einmal umrühren.
3. Den Broccoli aus dem Gerät nehmen und
zugedeckt stehenlassen.
4. Die Mandelstifte in eine mikrowellengeeignete Form geben. Die Butter in kleine Stücke
schneiden und hinzufügen.
5. Die Mandelstifte offen bei 600 Watt etwa
2 Minuten garen. Zwischendurch einmal
durchrühren.
6. Den Broccoli abtropfen lassen und die Butter mit den Mandelstiften darüber geben.

Paßt gut zu: Lammkoteletts oder Rindersteaks

Mein Tip Satt Mandelstiften können
Sie für dieses Gericht auch Pinienkerne
oder Cashewnüsse verwenden.

Süß-saures Gurkengemüse

Sie können auch Kürbis auf diese Weise
zubereiten.

Zutaten für 2 Personen:
400 g Schmorgurken oder 1 kleine Salatgurke · 1 Zwiebel (etwa 60 g) · 1 Bund Dill
10 g Butter · 1–2 Teel. Weißweinessig
*1 Eßl. Zitronensaft · 4 Eßl. Sahne · Salz wei
ßer Pfeffer, frisch gemahlen · 1 Prise Zucker*
Pro Person etwa 650 kJ/150 kcal
3 g Eiweiß · 10 g Fett · 13 g Kohlenhydrate

- Vorbereitungszeit: etwa 20 Min.
- Garzeit bei:
  Mikrowellenleistung 600 Watt   6 Min.

So wird's gemacht:
1. Die Schmorgurken oder die Salatgurke
schälen, längs halbieren, mit einem Teelöffel
entkernen und in etwa 2 cm große Würfel
schneiden. Die Zwiebel schälen und sehr klein
würfeln. Den Dill waschen, trockenschwenken,
von den groben Stielen befreien und sehr fein
hacken.
2. Die Zwiebel mit der Butter in eine mikrowellengeeignete Form mit Deckel geben und
offen bei 600 Watt etwa 1 Minute dünsten.
3. Die Gurken, den Dill, den Essig, den
Zitronensaft und die Sahne dazugeben, gut
verrühren und mit Salz, Pfeffer und dem Zukker kräftig würzen.
4. Die Gurken zugedeckt bei 600 Watt
etwa 6 Minuten dünsten, bis sie glasig sind.
Zwischendurch einmal durchrühren.

Paßt gut zu: gedünstetem Fisch

Pilzgemüse mit Kräutern

Zutaten für 2–3 Personen:
*½ Bund Petersilie · einige Salbeiblätter und
Thymianzweige · 1 Knoblauchzehe · 1 Stück
unbehandelte Zitronenschale (etwa 1 cm lang)
400 g Champignons oder Egerlinge
15 g Butter · Salz · weißer Pfeffer, frisch
gemahlen · 1–2 Eßl. Crème fraîche*
Bei 3 Personen pro Person etwa 410 kJ/
100 kcal
4 g Eiweiß · 9 g Fett · 1 g Kohlenhydrate

* Vorbereitungszeit: etwa 20 Min.
* Garzeit bei:
  Mikrowellenleistung 600 Watt   6 Min.

So wird's gemacht:
1. Die Kräuter waschen und trockenschwenken. Die Petersilie von den groben Stielen befreien und mit dem Salbei fein hacken. Die
Thymianblättchen von den Stielen streifen.
Die Knoblauchzehe schälen und fein hacken.
Die Zitronenschale ebenfalls sehr klein hak-
ken. Die Pilze putzen und eventuell kurz kalt
abspülen, dann in feine Scheiben schneiden.
2. Die Pilze mit der Butter und dem Knoblauch
in eine mikrowellengeeignete Form mit Deckel
geben und mit Salz und Pfeffer würzen.
3. Die Pilze offen bei 600 Watt etwa
2 Minuten vorgaren; zwischendurch einmal
umrühren.
4. Die Kräuter, die Zitronenschale und die
Crème fraîche untermischen. Die Pilze dann
zugedeckt weitere 4 Minuten garen. Zwischendurch einmal durchrühren.
5. Das Pilzgemüse eventuell noch einmal mit
Salz und Pfeffer abschmecken.

Paßt gut zu: Kräuterpfannkuchen und zu kurzgebratenem Fleisch, aber auch zu Tagliatelle

Möhren-Lauch-Gemüse mit Schnittlauchsahne

Bild nebenstehend

Zutaten für 2–3 Personen:
*200 g junge Möhren · 2 dünne Stangen Lauch
(etwa 250 g) · 100 g Sahne · Salz weißer
Pfeffer, frisch gemahlen · 1 Bund Schnittlauch*
Pro Person etwa 620 kJ/150 kcal
3 g Eiweiß · 11 g Fett · 8 g Kohlenhydrate

* Vorbereitungszeit: etwa 15 Min.
* Garzeit bei:
  Mikrowellenleistung 600 Watt   8 Min.

So wird's gemacht:
1. Die Möhren schälen, waschen und in Stifte
von etwa ½ cm Dicke schneiden. Den Lauch
putzen, kalt abspülen und mit zwei Dritteln des
zarten Grüns in dünne Ringe schneiden.
2. Die Möhren und den Lauch mit der Sahne
in einer mikrowellengeeigneten Form mit Dek-
kel mischen und mit Salz und Pfeffer pikant
abschmecken.
3. Das Gemüse zugedeckt bei 600 Watt etwa
6 Minuten garen. Zwischendurch einmal umrühren.
4. Inzwischen den Schnittlauch waschen, trok-
kentupfen und in feine Röllchen schneiden.
5. Den Schnittlauch unter das Gemüse mischen
und alles weitere 2 Minuten zugedeckt bei
600 Watt garen.

Paßt gut zu: kurzgebratenem Fleisch

Traditionell und sehr bewährt ist das Zusammen-   ▷
spiel von Möhren und Lauch. Hier wird es ganz
dezent mit Schnittlauch und Sahne gewürzt. Rezept
für das Möhren-Lauch-Gemüse mit Schnittlauch-
sahne auf dieser Seite.

Zucchini-Tomaten-Gemüse

Bild nebenstehend

Zutaten für 2 Personen:
2 kleine Zucchini (etwa 200 g) · 1 Tomate
(etwa 150 g) · 1 Schalotte · ½ Knoblauchzehe
einige Zweige frischer Thymian · 1 Eßl. kalt-
gepreßtes Olivenöl · Salz · schwarzer Pfeffer,
frisch gemahlen
Pro Person etwa 320 kJ/75 kcal
3 g Eiweiß · 5 g Fett · 6 g Kohlenhydrate

- Vorbereitungszeit: etwa 20 Min.
- Garzeit bei:
  Mikrowellenleistung 600 Watt   5 Min.

So wird's gemacht:
1. Die Zucchini von den Stiel- und Blütenansätzen befreien, waschen und abtrocknen.
Dann in schmale Stifte schneiden. Die Tomate
waschen und klein würfeln. Die Schalotte und
den Knoblauch schälen und fein hacken. Den
Thymian waschen, trockenschwenken und die
Blättchen von den Stielen streifen.
2. Die Zucchinistifte mit der Schalotte, dem
Knoblauch, dem Thymian und dem Öl in
einer mikrowellengeeigneten Form mit Deckel
mischen und offen bei 600 Watt 3 Minuten
andünsten. Zwischendurch einmal umrühren.
3. Die Tomatenwürfel unterheben, alles mit
Salz und Pfeffer würzen und zugedeckt weitere 2 Minuten bei 600 Watt garen.

Paßt gut zu: kurzgebratenem Fleisch

◁ Eine farbenfrohe Angelegenheit ist das Beilagenge-
müse aus Zucchini und Tomaten. Mit frischem
Thymian und Knoblauch werden italienische Düfte
beschworen. Rezept für das Zucchini-Tomaten-
Gemüse auf dieser Seite.

Zuckerschoten mit Käsesahne

Als Hauptgericht, kombiniert mit Pellkartoffeln,
reicht die Menge für 2 Personen.

Zutaten für 3–4 Personen:
300 g Zuckerschoten · 2 Eßl. Wasser · Salz
einige Estragonblättchen · 40 g Parmesan
100 g Sahne · weißer Pfeffer, frisch gemahlen
1 Teel. Zitronensaft
Bei 4 Personen pro Person etwa 590 kJ/
140 kcal
6 g Eiweiß · 11 g Fett · 5 g Kohlenhydrate

- Vorbereitungszeit: etwa 15 Minuten
- Garzeit:
  Mikrowellenleistung 600 Watt   10 Min.
  Mikrowellenleistung 360 Watt   2 Min.
  Gesamtgarzeit: 12 Min.

So wird's gemacht:
1. Die Zuckerschoten von den Fäden und den
Stielansätzen befreien. Die Schoten dann
gründlich waschen und abtropfen lassen.
2. Die Zuckerschoten mit dem Wasser und
Salz in einer mikrowellengeeigneten Form mit
Deckel mischen und zugedeckt bei 600 Watt
in etwa 10 Minuten bißfest garen. Zwischendurch zweimal umrühren.
3. Inzwischen den Estragon waschen, trockenschwenken und hacken. Den Parmesan reiben.
4. Die Sahne mit dem Estragon und dem Käse
in einer mikrowellengeeigneten Form mischen
und mit Pfeffer würzen.
5. Die gegarten Zuckerschoten aus dem Gerät
nehmen und zugedeckt beiseite stellen.
6. Die Sahne bei 360 Watt offen etwa
2 Minuten garen, bis der Käse geschmolzen
ist. Zwischendurch einmal durchrühren.

7. Die Sauce mit dem Zitronensaft und eventuell noch etwas Pfeffer abschmecken.
8. Die Zuckerschoten abtropfen lassen, dann mit der Käsesahne mischen.

Paßt gut zu: kurzgebratenem Fleisch, aber auch zu Getreide- und Tofupflänzchen

Grüne Bohnen mit Knoblauch

Achten Sie beim Einkauf darauf, daß die Bohnen wirklich frisch sind.

Zutaten für 2 Personen:
300 g grüne Bohnen · 1 Schalotte
1 Knoblauchzehe · je ½ Bund Petersilie und
Bohnenkraut · 10 g Butter · 3 Eßl. Wasser
Salz · 1 Teel. Zitronensaft
Pro Person etwa 450 kJ/110 kcal
5 g Eiweiß · 5 g Fett · 12 g Kohlenhydrate

- Vorbereitungszeit: etwa 20 Min.
- Garzeit bei:
  Mikrowellenleistung 600 Watt   12 Min.

So wird's gemacht:
1. Die Bohnen putzen, eventuell von den Fäden befreien, dann waschen. Größere Bohnen ein- oder zweimal durchbrechen oder -schneiden. Die Schalotte und den Knoblauch schälen. Die Schalotte in kleine Würfel schneiden, den Knoblauch durch die Knoblauchpresse drücken. Die Petersilie und das Bohnenkraut waschen, trockenschwenken und ohne die groben Stiele fein hacken.
2. Die Schalotte und den Knoblauch mit der Butter in eine mikrowellengeeignete Form mit

Deckel geben und offen bei 600 Watt etwa 1 Minute andünsten.
3. Die Bohnen, die Kräuter und das Wasser hinzufügen. Die Bohnen mit Salz und dem Zitronensaft abschmecken und zugedeckt bei 600 Watt in etwa 11 Minuten bißfest garen. Zwischendurch zweimal durchrühren.

Paßt gut zu: Lammkoteletts

Mein Tip Statt frischen Bohnen können Sie auch tiefgefrorene verwenden und sie 4 Minuten bei 180 Watt antauen lassen. Dann mit den restlichen Zutaten vermischen und bei 600 Watt zugedeckt in etwa 6 Minuten fertiggaren.

Sahnespinat

Zutaten für 2 Personen:
500 g Blattspinat · 1 Schalotte · 1 Knoblauchzehe · 10 g Butter · 5 Eßl. Sahne (75 g)
Salz · weißer Pfeffer, frisch gemahlen
½ Bund Petersilie
Pro Person etwa 880 kJ/210 kcal
8 g Eiweiß · 17 g Fett · 7 g Kohlenhydrate

- Vorbereitungszeit: etwa 30 Min.
- Garzeit bei:
  Mikrowellenleistung 600 Watt   7 Min.

So wird's gemacht:
1. Den Spinat von allen welken Blättern und den groben Stielen befreien, mehrmals in stehendem kaltem Wasser gründlich waschen, dann abtropfen lassen. Den Spinat grob hacken. Die Schalotte und die Knoblauchzehe schälen und fein hacken.

2. Die Schalotte und den Knoblauch mit der Butter in ein mikrowellengeeignetes Gefäß mit Deckel geben und offen bei 600 Watt 2 Minuten dünsten.
3. Den Spinat und die Sahne untermischen, mit Salz und Pfeffer abschmecken und zugedeckt bei 600 Watt etwa 5 Minuten dünsten, bis der Spinat zusammengefallen ist. Zwischendurch einmal umrühren.
4. Inzwischen die Petersilie waschen, trockenschwenken und ohne die groben Stiele fein hacken.
5. Den Spinat noch einmal durchrühren und mit der Petersilie bestreut servieren.

Paßt gut zu: Steaks, gebratenem Fisch und Backkartoffeln

Kohlrabi mit Kerbelsauce

Zutaten für 2 Personen:
1 Kohlrabi (etwa 450 g) · 30 g frischer
Kerbel · 3–4 Eßl. Sahne (50 g)
Salz schwarzer Pfeffer, frisch gemahlen
Pro Person etwa 600 kJ/140 kcal
6 g Eiweiß · 8 g Fett · 12 g Kohlenhydrate

*   Vorbereitungszeit: etwa 15 Min.
*   Garzeit bei:
    Mikrowellenleistung 600 Watt   8 Min.

So wird's gemacht:
1. Den Kohlrabi schälen und gründlich von allen holzigen Stellen befreien, dann in Stifte von etwa 1 cm Dicke schneiden. Den Kerbel verlesen, waschen, gründlich abtropfen lassen, von den groben Stielen befreien und fein hacken.
2. Die Kohlrabistifte mit dem Kerbel und der

Sahne in einem mikrowellengeeigneten Gefäß mit Deckel mischen und mit Salz und Pfeffer würzen.
3. Zugedeckt bei 600 Watt in etwa 8 Minuten bißfest garen. Zwischendurch einmal gründlich umrühren.
4. Das Gemüse gegebenenfalls noch einmal mit Salz und Pfeffer abschmecken, dann servieren.

Paßt gut zu: Schweineschnitzeln oder zu gebratenen neuen Kartoffeln

Apfel-Rotkohl

Zutaten für 3–4 Personen:
½ kleiner Kopf Rotkohl (etwa 500 g)
1 kleiner säuerlicher Apfel (etwa 100 g)
1 kleine Zwiebel (etwa 50 g) · 10 g Butter
1 Eßl. Rotweinessig · 3 Eßl. Wasser · Salz
¼ Teel. gemahlene Gewürznelken · 1 Prise
Zucker
Bei 3 Personen pro Person etwa 400 kJ/ 95 kcal
3 g Eiweiß · 3 g Fett · 13 g Kohlenhydrate

*   Vorbereitungszeit: etwa 15 Min.
*   Garzeit bei:
    Mikrowellenleistung 600 Watt   21½ Min.

So wird's gemacht:
1. Den Rotkohl von den äußeren welken Blättern und dem Strunk in der Mitte befreien. Den Kohl dann waschen, längs vierteln und in hauchdünne Streifen schneiden oder hobeln. Den Apfel waschen, schälen, vierteln und vom Kerngehäuse befreien, dann in dünne Schnitze schneiden. Die Zwiebel schälen und fein hacken.

51

2. Die Butter in kleine Stücke schneiden und mit dem Apfel und der Zwiebel in eine mikrowellengeeignete Form mit Deckel geben. Die Mischung bei 600 Watt offen 1 ½ Minuten andünsten.
3. Dann die Kohlstreifen, den Essig und das Wasser dazugeben und den Kohl mit Salz, den Nelken und dem Zucker abschmecken.
4. Den Rotkohl zugedeckt bei 600 Watt in etwa 20 Minuten bißfest garen, zwischendurch zwei- bis dreimal umrühren.
5. Den Rotkohl vor dem Servieren noch etwa 5 Minuten zugedeckt stehenlassen.

Paßt gut zu: gebratener Ente oder Gans

Zwischendurch einmal umrühren.
4. Die Erbsen noch einmal mit Salz abschmecken, dann servieren.

Paßt gut zu: gegrilltem Schweinefilet

Mein Tip In der kurzen Erbsensaison können Sie diese Beilage auch mit frischen Erbsen zubereiten. Sie sollten dann etwa 4 Eßlöffel Wasser dazugießen und die Garzeit – je nach Frische der Erbsen – um etwa 2 Minuten verlängern.

Erbsen mit Pfefferminze

Zutaten für 3 Personen:
½ Bund frische Pfefferminze · 30 g Butter
300 g tiefgefrorene Erbsen · 1 Eßl. Wasser
Salz
Pro Person etwa 620 kJ/150 kcal
6 g Eiweiß · 9 g Fett · 11 g Kohlenhydrate

- Vorbereitungszeit: etwa 10 Min.
- Garzeit bei:
  Mikrowellenleistung 600 Watt   6 Min.

So wird's gemacht:
1. Die Pfefferminze waschen und trockenschwenken. Die Blättchen von den Stielen zupfen und fein hacken. Die Butter in kleine Stücke schneiden.
2. Die Erbsen mit der Minze, der Butter, dem Wasser und Salz in eine mikrowellengeeignete Form mit Deckel geben.
3. Die Erbsen zugedeckt bei 600 Watt in etwa 6 Minuten auftauen und bißfest garen.

Pellkartoffeln

Zutaten für 2 Personen:
400 g gleich große mehligkochende Kartoffeln
Pro Person etwa 590 kJ/140 kcal
4 g Eiweiß · 0 g Fett · 31 g Kohlenhydrate

- Vorbereitungszeit: etwa 5 Min.
- Garzeit bei:
  Mikrowellenleistung 600 Watt   8 Min.

So wird's gemacht:
1. Die Kartoffeln gründlich unter fließendem Wasser abbürsten. Die Kartoffeln mit einer Gabel oder einer dickeren Nadel rundherum mehrmals einstechen. Das ist sehr wichtig, damit die Schalen beim Garen nicht platzen.
2. Die Kartoffeln in eine mikrowellengeeignete Form mit Deckel geben und zugedeckt bei 600 Watt in etwa 8 Minuten weich garen.
3. Die Kartoffeln noch zwei Minuten stehenlassen, dann servieren.

Nützliche Tabellen

Umrechnungstabelle für alle Mikrowellengeräte

Die Garzeiten für die Rezepte in diesem Buch können Sie mit der folgenden Tabelle ganz leicht für Geräte mit anderen Wattleistungen umrechnen. Jedoch sind die hier angegebenen Zeiten immer nur Richtwerte, da selbst Geräte mit gleicher Wattleistung bei gleicher Einstellung oft unterschiedliche Ergebnisse erbringen. Außerdem läßt die Mikrowellenleistung bei älteren Geräten etwas nach. Deshalb ist es immer zu empfehlen, zuerst eine kürzere Garzeit zu wählen und das Gericht gegebenenfalls etwas nachzugaren. Geräte mit 650 oder 720 Watt habe ich in der Tabelle nicht berücksichtigt, da die Unterschiede in den Garzeiten unwesentlich sind.

Die Unterschiede zwischen den niedrigen Leistungsstufen wie 360, 380 oder 330 Watt sind ebenfalls so gering, daß Sie dafür keine Umrechnungstabelle benötigen.

500 Watt	600 Watt	700 Watt
¾ Minute	½ Minute	½ Minute
1¼ Minuten	1 Minute	1 Minute
1¾ Minute	1½ Minuten	1¼ Minuten
2½ Minuten	2 Minuten	1¾ Minuten
2¾ Minuten	2¼ Minuten	2 Minuten
3 Minuten	2½ Minuten	2 Minuten
3½ Minuten	3 Minuten	2½ Minuten
4½ Minuten	4 Minuten	3½ Minuten
5½ Minuten	5 Minuten	4½ Minuten
6½ Minuten	6 Minuten	5 Minuten
8 Minuten	7 Minuten	6 Minuten
9 Minuten	8 Minuten	7 Minuten
10½ Minuten	9 Minuten	7½ Minuten
11½ Minuten	10 Minuten	8½ Minuten
12½ Minuten	11 Minuten	9½ Minuten
13½ Minuten	12 Minuten	10 Minuten
15 Minuten	13 Minuten	11 Minuten
16 Minuten	14 Minuten	12 Minuten
17 Minuten	15 Minuten	13 Minuten
23 Minuten	20 Minuten	17 Minuten
28 Minuten	25 Minuten	21 Minuten
34 Minuten	30 Minuten	26 Minuten

Nützliche Tabellen

Garen von Gemüse

Damit Sie auch eigene Rezepte für die Zubereitung im Mikrowellengerät umwandeln können, finden Sie in der folgenden Tabelle eine Aufstellung der Garzeiten. Die Flüssigkeitsmenge muß gegenüber der gewohnten Garmethode reduziert werden. Die Zeitangaben beziehen sich immer auf volle Leistung (600 Watt). Alle Gemüse müssen Sie zwischendurch, je nach Länge der Garzeit, ein- oder mehrmals durchrühren.

Gemüseart	Menge	Zeit/Min.	Anmerkungen
Auberginen	300 g	4–6	Die Auberginen würfeln und ohne Wasser, mit Öl offen dünsten.
Blattspinat	400 g	4–5	Spinat tropfnaß in die Form geben. Zugedeckt ohne weitere Flüssigkeitszugabe garen.
Bleichsellerie	400 g	8–9	Zugedeckt mit 2–3 Eßlöffeln Wasser garen.
Blumenkohl	500 g	10–12	Blumenkohl möglichst so in der Form anordnen, daß die Stiele nach außen zeigen. Zugedeckt mit 4–5 Eßlöffeln Wasser garen.
Bohnen, grüne	300 g	10–12	Zugedeckt mit etwas Butter und 3–4 Eßlöffeln Wasser garen.
Broccoli	500 g	8–10	Broccoli möglichst so in der Form anordnen, daß die Stiele nach außen zeigen. Zugedeckt mit 3–4 Eßlöffeln Wasser garen.
Champignons	400 g	4–6	Pilze ohne Wasser, mit Butter oder Öl zugedeckt dünsten.
Erbsen	300 g	6–8	Erbsen mit etwa 1 Eßlöffel Wasser und etwas Butter zugedeckt garen.
Fenchel	400 g	8–10	In Streifen schneiden und zugedeckt mit 3–4 Eßlöffel Wasser garen.
Gurken	400 g	4–6	Ohne Wasser, eventuell mit Butter zugedeckt garen.
Kartoffeln	400 g	8–10	Pellkartoffeln ohne Wasser zugedeckt garen. Schale unbedingt mehrmals einstechen! Salzkartoffeln in gleich großen Stücken zugedeckt mit 2–4 Eßlöffeln Wasser garen.
Kohl	500 g	20	In gleich dünne Streifen schneiden und zugedeckt mit etwa 5 Eßlöffeln Wasser garen. Mehrmals umrühren.
Kohlrabi	400 g	8	In dünne Stifte oder Scheiben schneiden und zugedeckt mit etwas Wasser garen.
Paprikaschoten	400 g	6–8	In Streifen schneiden und nur mit Fett zugedeckt dünsten.
Rosenkohl	400 g	8–10	Gleich große Röschen zugedeckt mit 3–4 Eßlöffeln Wasser garen.

Nützliche Tabellen

Gemüseart	Menge	Zeit/Min.	Anmerkungen
Lauch	400 g	8–10	In möglichst dünne Ringe schneiden und zugedeckt mit 1 Eßlöffel Wasser oder Butter garen.
Möhren	400 g	8–10	In Stifte, dünne Scheiben oder Würfel schneiden und mit wenig Wasser oder Butter zugedeckt garen.
Spargel, grün	500 g	8	Mit Salz, Zucker und 1/8 l Wasser zugedeckt garen.
Spargel, weiß	500 g	12	Mit Salz, Zucker und 1/8 l Wasser zugedeckt garen.
Tomaten	500 g	5–7	In Würfel schneiden und ohne Flüssigkeit zugedeckt garen.
Zucchini	400 g	5–6	Am besten in Stifte schneiden. Mit etwas Fett zugedeckt dünsten.
Zuckerschoten	300 g	10	Mit etwa 3 Eßlöffeln Wasser zugedeckt garen.
Zwiebeln	400 g	7–9	Mit etwa 3 Eßlöffeln Flüssigkeit zugedeckt garen.

Erwärmen von Gemüse

Fertige Gemüsegerichte lassen sich im Mikrowellengerät ganz einfach erwärmen. Sie benötigen – wie jedes andere Tellergericht – etwa 2 Minuten bei voller Leistung pro Teller (etwa 250 g).

Auftauen von Gemüse

Gemüse läßt sich sehr gut einfrieren. Das Gemüse wird dafür geputzt, gewaschen und kurz blanchiert. Große Mengen sollten Sie wie gewohnt in einem Topf mit kochendem Salzwasser etwa 2 Minuten blanchieren. Dann kalt abschrecken, abtropfen und abkühlen lassen. Zum Einfrieren wählen Sie am besten Gefäße, in denen Sie das Gemüse dann auch gleich auftauen und erwärmen können (siehe dazu auch Seite 8). Kleine Mengen können Sie im Mikrowellengerät blanchieren. Man rechnet für 300 g Gemüse etwa 4 Minuten. Dabei etwa 3 Eßlöffel Wasser zugeben. Alle Mikrowellengeräte haben eine sogenannte Auftaustufe mit einer Mikrowellenleistung von 70 bis 180 Watt. Auch hier gilt die Regel: doppelte Menge = fast doppelte Zeit, halbe Menge = halbe Zeit. Bei gekauftem tiefgefrorenem Gemüse sind die Auftauzeiten die gleichen.

Gemüseart	Menge	Zeit/Min.	Stehzeit	Anmerkungen
Blumenkohl	300 g	5–6	5	Die Röschen nach der Hälfte der Zeit lockern und wenden.
Spinat	300 g	3–4	10	Spinat einmal wenden. Schon aufgetaute Stellen ablösen.
Erbsen	300 g	3–4	5	Erbsen einmal durchrühren.

Alle anderen Gemüsearten können Sie je nach Sorte und Beschaffenheit (zum Beispiel wie Spinat im Block oder wie Blumenkohl in Röschen) von den erwähnten Sorten ableiten.

Rezept- und Sachregister

Kursiv gesetzte Seitenzahlen verweisen auf Farbbilder

Diese Provenzalische Suppe mit
Safran finden Sie auf Seite 16.   ▷